Inspiration Christentum

Marjorie Thompson

ACHTSAMKEIT

HERDER spektrum

Band 6183

Das Buch

In unserer Zeit regt sich innerhalb wie außerhalb der traditionellen Glaubensgemeinschaften immer deutlicher ein Hunger nach spiritueller Erfahrung und Orientierung. In diesem Buch erschließt Marjorie Thompson den spirituellen Schatz des Christentums für einen bewussteren Umgang mit sich selbst. Die erfahrene geistliche Begleiterin zeigt Wege auf, zu einer größeren Achtsamkeit für das eigene Leben zu finden und dabei sich selbst und Gott tiefer zu begegnen.

Die Autorin

Marjorie Thompson studierte christliche Spiritualität an der Yale Universität (New Haven/USA), unter anderem bei Henri Nouwen. Heute ist die evangelische Pastorin in der spirituellen Beratung tätig und leitet ein Ausbildungszentrum für geistliche Begleitung in Nashville/Tennessee.

Marjorie Thompson

ACHTSAMKEIT

Vom Umgang mit der eigenen Seele

HERDER

FREIBURG · BASEL · WIEN

Das vorliegende Buch ist ein überarbeiteter Auszug aus:
Marjorie Thompson
Christliche Spiritualität entdecken
Einübung in ein bewusstes Leben
Aus dem Amerikanischen von Bernardin Schellenberger
© Verlag Herder GmbH, Freiburg im Breisgau 2004

Titel der Originalausgabe:
Marjorie J. Thompson
Soul Feast. An Invitation to the Christian Spiritual Life
Erschienen bei Westminster John Knox Press,
Louisville, Kentucky
© 1995 Marjorie J. Thompson

© Verlag Herder GmbH, Freiburg im Breisgau 2009
Alle Rechte vorbehalten
www.herder.de

Layoutkonzept: tiff.any GmbH, Berlin
Satz: tiff.any GmbH, Berlin
Umschlagmotiv: © NBL-Boldt
Umschlaggestaltung und -konzeption:
Weiß-Freiburg GmbH, Graphik & Buchgestaltung
www.weiss-freiburg.de
Herstellung: fgb · freiburger graphische betriebe
www.fgb.de

Gesetzt aus der Linotype Janson Text Standard
Gedruckt auf umweltfreundlichem, chlorfrei gebleichtem Papier
Printed in Germany

ISBN 978-3-451-06183-7

Inhalt

1 Vom Umgang mit der eigenen Seele – Die spirituelle Sehnsucht unserer Zeit

Gott, du mein Gott, dich suche ich,
meine Seele dürstet nach dir.
Nach dir schmachtet mein Leib
wie dürres, lechzendes Land ohne Wasser.
Psalm 63,1–2

Gesucht: Spiritualität statt »nur« Religion

In unserer Zeit regt sich innerhalb wie außerhalb der traditionellen Glaubensgemeinschaften immer deutlicher ein Hunger nach spiritueller Tiefe und Ganzheit. Darum ist dieses Buch so angelegt, dass es in erster Linie um Erfahrung und tätiges Mitmachen geht. Ich verknüpfe in jedem Kapitel spirituelle Einsichten mit praktischen Anregungen und Übungen, denn ich möchte Sie, die Leserin, den Leser, dazu einladen, sich mit seinem Inhalt schöpferisch auseinanderzusetzen. Vorgestellt werden Übungen des christlichen Weges, zur Achtsamkeit und zu einem bewussten Umgang mit sich selbst zu finden. Zugrunde liegt dem mein umfangreicheres Buch *Christliche Spiritualität entdecken* (Freiburg im Breisgau 2004).

Die spirituelle Sehnsucht bleibt allerdings bei vielen Menschen ein nicht recht greifbares Bedürfnis, das wie ein allgemeines Angstgefühl direkt unter der Oberfläche ihres Bewusstseins lauert. Es kann sein, dass sie es als eine Leere empfinden, die sie rastlos nach einem größeren Sinn und Zweck für ihr Leben suchen lässt. Oder sie kommen sich vor, als trieben sie in einem ruderlosen Boot durchs Leben. Etwas fehlt. Etwas ist aus dem Gleichgewicht. Aber sie können es nicht recht benennen.

Andere erkennen das deutlicher als Hunger spiritueller Natur. Sie spüren, dass es in ihnen eine Art »schwarzes Loch« gibt, das eine endlose Menge spannender Erlebnisse, Güter und Erfolge in sich verschlingt, ohne ihr Herz zufriedenzustellen, und sie werden sich dessen bewusst, dass sie einen Kompass brauchen, der sie über alles Vordergründige und Diesseitige hinausweist. Namentlich das Leiden reißt Fragen auf, für die es keine leichten Antworten gibt, ja womöglich überhaupt keine. So kommen viele zu der Überzeugung, dass den Umständen und Entscheidungen ihres Lebens nur eine Kraft von jenseits dieses Lebens ihren wahren Sinn geben kann.

Von dieser Kraft sprechen alle Religionen, aber allem Anschein nach empfinden viele Menschen, dass deren alte Muster für ein Leben aus dem Glauben nicht mehr ausreichen, ja überholt wirken. So machen die Menschen heute zum ersten Mal einen Unterschied zwischen ihrer Spiritualität und der Religion. Der Begriff der »institutionellen Religion« hat einen negativen Charakter bekommen. Es entspricht dem Individualismus unserer derzeitigen Kultur, dass die Menschen es für ganz natürlich halten, sich ihr privates Glaubenssystem zu entwerfen, das mit historischen Glaubensgemeinschaften und -überlieferungen direkt gar nichts mehr zu tun hat. Viele Suchende bezeichnen sich als »spirituelle Menschen«, aber nicht als »religiöse«.

Dieser spirituelle Durst unserer Zeit ist zum sozialen Phänomen geworden. Menschen aus allen Schichten der Bevölkerung und vielen Glaubenstraditionen suchen mit verstärkter Intensität nach einer spirituellen Mitte. Manche trinken aus den Brunnen asiatischer Religionen oder der Traditionen der Ureinwohner Amerikas, oder sie verschreiben sich den Theorien und Praktiken der New-Age-Bewegung. Innerhalb der traditionellen christlichen Gemeinschaften sprechen viele davon, auf einem »spirituellen Weg« zu sein, und immer häufiger treffen sich in den Gemeindehäusern von Kirchen Gruppen, die sich um »spirituelle Erneuerung« bemühen. Meditations- und Einkehrzentren sind zunehmend ausgebucht. Manche römisch-katholische Exerzitienhäuser zählen unter ihren Gästen zahlreiche Protestanten, die dort mehr über Gebet und kontemplatives Leben erfahren und spirituelle Anleitung finden möchten. Psychotherapeuten berichten, dass immer mehr Klienten Fragen spiritueller Art anschneiden. Seminaristen fordern Kurse, in denen auf ihre spirituellen Fragen eingegangen wird, statt dass man ihnen nur akademische Inhalte bietet.

So zeichnet sich innerhalb wie außerhalb unserer Kirchen geradezu ein Erdrutsch ab, dessen derzeitige Ausdrucksformen sich allerdings schon seit mindestens einer Generation angekündigt haben. Angesichts des Umstands, dass heute der einzelne Mensch und sein soziales Umfeld in noch nie dagewesener Weise »zerstückelt« wirken, scheint es dabei in erster Linie um einen gewaltigen Schub in Richtung spiritueller Ganzheit zu gehen. Diese spirituelle Sehnsucht macht sich weit über die Grenzen der traditionellen Glaubensgemeinschaften hinaus deutlich bemerkbar.

Ursachen der heutigen Suche

Die Geschichte kennt immer wieder mächtige Schübe religiöser Erneuerung. Warum aber schwillt gerade in unserer Zeit das spirituelle Bedürfnis derart gewaltig an? Zu diesem derzeitigen Phänomen tragen viele Faktoren bei. Manche sind kultureller, manche persönlicher Natur, und manche, so glaube ich, kann man auch als Faktoren spiritueller Art beschreiben.

Kulturelle Faktoren

Vier kulturelle Faktoren lassen sich leicht ausmachen:

1. Rationalismus und die Heiligkeit des Lebens

Der Erste ergibt sich aus dem Umstand, dass sich die abendländische Kultur seit der Zeit der Aufklärung immer stärker in die Weltanschauung des Rationalismus verstiegen hat. Der Rationalismus setzt den Verstand als höchste Autorität zur Bestimmung dessen, was wahr ist, ein. Er kommt im modernen naturwissenschaftlichen Denken zum Ausdruck, das kaum Sympathie für irgendetwas hat, das sich nicht messen, als Menge fassen und in eine Kategorie einordnen lässt. Im Allgemeinen scheidet er aus dem Bereich des Möglichen alle unsichtbaren Wirklichkeiten aus, die sich nicht naturwissenschaftlich genau erforschen lassen. Die Folge ist, dass wir weithin den Sinn für die Dimension der Heiligkeit des Lebens verloren haben. Gott passt einfach nicht »ins Bild«, das der naturwissenschaftliche Rationalismus von den Grundlagen unserer Kultur entwirft. Diese Reduktion des Lebens auf enge, mechanistische Kategorien der Wirklichkeit genügt vielen Menschen nicht mehr.

2. Veränderungsstress und das Bedürfnis nach einer Mitte

Die technologischen Fortschritte haben dazu geführt, dass sich in praktisch jedem Bereich unseres Lebens alles ständig exponentiell verändert. Das Ausmaß und Tempo all der Veränderungen, die im Lauf des vergangenen Jahrhunderts stattgefunden haben, hat zu einer gewaltigen sozialen Entwurzelung und zu ungeheurem Stress geführt. Viele Menschen sehnen sich inmitten all der rasanten, alles erfassenden Veränderungen nach einem Zentrum, das stabil bleibt.

3. Oberflächlichkeit und die Suche nach Werten

Wir leben in einer Kultur, die oberflächliche Werte verherrlicht. In unserer Gesellschaft ist kaum mehr die Bereitschaft dafür lebendig, zugunsten eines größeren Gutes auf die Erfüllung individueller Wünsche zu verzichten.

Ich unterhielt mich mit einem jungen Paar, das drei Kinder aufzieht. Sie sind sich dessen schmerzlich bewusst, dass es angesichts unserer vorherrschenden kulturellen Werte zur schweren Herausforderung wird, wirklich aus dem Glauben zu leben. Sie geben sich alle Mühe, gegen den übermächtigen Strom zu schwimmen, der ihre Kinder offensichtlich mitreißen will mit all seinen fantasielosen Spielzeugen, Markenkleidungen und Sportidolen. Damit sind sie typisch für viele, die nach Werten suchen, die tatsächlich die menschliche Reife und den Sinn für verantwortliche Gemeinschaft fördern. Sie sehen, dass materieller Reichtum, sexuelle Attraktivität, körperliche Fitness und Schönheit und sozialer Status in spiritueller Hinsicht das sind, was für den Körper eine Nahrung ohne Vitamine und Kalorien wäre. So wird der Hunger nach Werten, die wirklich bleibende Substanz liefern, immer deutlicher spürbar.

4. Angst und die Sehnsucht nach Geborgenheit

Und schließlich wird unsere Kultur in zunehmendem Maß von der Angst gelähmt. Die Angst vor kriminellen Gewalttätigkeiten, Drogen und Waffen beherrscht derzeit unsere politische und soziale Landschaft. Dazu kommt die Angst vor dem Verlust des Arbeitsplatzes und dem Verfall der sozialen Sicherungssysteme, also der Kranken- und Rentenkassen. Auch das

Schreckgespenst einer nuklearen oder ökologischen Katastrophe geht weiter um. Wir hegen einen tiefen Pessimismus bezüglich der Fähigkeit der Menschen, tatsächlich eine dauerhafte, gerechte und sichere Lebensordnung einzurichten. Diese Ängste tragen zu einem alles durchdringenden Angstgefühl und zur Sehnsucht nach einem sicheren Glauben bei.

Persönliche Faktoren

Auf der persönlichen Ebene verursachen namentlich drei Faktoren unseren spirituellen Hunger.

1. Erfahrenes Leid und die Frage nach dem Sinn

Zunächst scheinen Leiden und tragische Ereignisse sehr stark dazu beizutragen, die Menschen für spirituelle Perspektiven aufzuschließen. Unsere rasant sich verändernde Gesellschaft hat neue Formen menschlichen Leidens mit sich gebracht. Neue schmerzliche Erfahrungen schreien nach Erklärung. Jede spirituelle Tradition verfügt über ihren Erklärungsansatz für die Deutung des menschlichen Leidens. Wir möchten wissen, in welchem Bezug Gott zu unserem Schmerz steht. Das Leiden bringt uns unser Bedürfnis nach einem größeren Sinnzusammenhang und Zweck für unser Leben zu Bewusstsein.

2. Unzufrieden mit einem »Glauben aus zweiter Hand«

Viele Menschen sind mit der Kirche, wie sie sie erfahren haben, ungeduldig und unzufrieden. Sie haben nicht das Gefühl, die traditionellen religiösen Einrichtungen hätten ihnen tatsächlich Gott als lebendige Wirklichkeit vermittelt.

Ich kenne einen Mann, der jahrelang pflichtgetreu den Gottesdienst besuchte und Kirchenpfleger war. Trotzdem kann er immer noch nichts mit der Sprache des Glaubens anfangen.

Alle Worte über Gott kommen ihm als bloße Worte vor. Sie mögen schön und hoffnungsvoll sein, aber sie bleiben losgelöst von der Welt, wie er sie kennt. Dieser Mann möchte gern glauben, aber er macht nicht die Erfahrung, dass Gott eine Wirklichkeit in seinem Leben ist. Der Glaube seiner Bekannten ermutigt ihn, schenkt ihm aber zugleich nur umso mehr das Gefühl, selbst leer zu sein. Er sehnt sich tief in seinem Inneren danach, dass sein Glaube Feuer fangen möge.

Viele, die ähnlich wie dieser Mann ihre Glaubenserfahrung für völlig unzureichend halten, suchen trotzdem weiterhin in der Kirche die spirituelle Wahrheit. Andere haben sich entschlossen, anderswo zu suchen. Alle aber verspüren einen starken Hunger nach der direkten Erfahrung Gottes und wollen nicht mehr mit einem »Glauben aus zweiter Hand« leben.

3. Alleingelassen mit eigenen Erfahrungen

Menschen, denen tatsächlich lebendige Gotteserfahrungen zuteil wurden, finden in traditionellen Kirchen oft nicht die Möglichkeit, diese mit anderen zu teilen.

Eine mir bekannte Frau machte mit vierzehn Jahren eine tiefe Erfahrung: In einer Zeit tiefster Einsamkeit vernahm sie eine ganz deutliche Stimme, die ihr verblüffend wirklicher vorkam als jede menschliche Stimme. Diese Stimme sagte zu ihr: »Du bist mein geliebtes Kind. Gehe mit mir, und du wirst mein Volk heilen.« Sie empfand sich von einem Gefühl des Wohlbefindens und Friedens überströmt und von einer starken Kraft bewegt, Gott zu dienen. Doch bevor wir uns kennenlernten, hatte sie über diese Erfahrung noch mit niemandem in ihrer Familie oder Kirchengemeinde zu sprechen gewagt, denn schon früh hatte sie gelernt, dass Leute, die »Stimmen hören«, ein Fall für den Psychiater seien. Diese Frau kannte in ihrer Glaubenstradition keine Instanz, die ihr hätte helfen können, das Geschehene zu deuten. Oft überkamen sie Zweifel, ob ihre Erfahrung echt gewesen sei, weil sie sich niemanden vorstellen konnte, der ihr diese Echtheit bestätigt hätte.

Solange sich kein Priester, Seelsorger oder Pfarrangehöriger findet, der bereit ist, sich von derartigen Erfahrungen erzählen zu lassen und sie ernst zu nehmen, bleiben Frauen wie diese ohne Anleitung dazu, ihre persönliche Erfahrung in ihren Glauben oder in das Leben ihrer Kirchengemeinde zu integrieren.

Spirituelle Faktoren

Eine weitere Ursache für den spirituellen Hunger in unseren Tagen reicht noch tiefer als diese spezifisch kulturellen und persönlichen Faktoren: Dem Menschen ist die religiöse Dimension angeboren; im tiefsten Grund des Menschen ist die Sehnsucht nach einer transzendenten Quelle von Sinn und Zweck im Leben angelegt. Auch wenn die Soziologen den allgemeinen religiösen Impuls im Menschen auf psycho-soziale Bedürfnisse zurückführen, sind gläubige Menschen dennoch davon überzeugt, dass wir grundsätzlich auf eine Beziehung zu Gott angelegt sind. Deshalb werden wir, solange wir diese Beziehung nicht suchen und finden, im Kern unseres Wesens immer eine existenzielle Leere verspüren. Vor Jahrhunderten betete der heilige Augustinus zu Gott: »Auf dich hin hast du uns geschaffen, und ruhelos ist unser Herz, bis es Ruhe findet in dir.«

»Du hast gerufen, du hast geschrien, du hast meine Taubheit durchbrochen. Du hast geblitzt, du hast gestrahlt, du hast meine Blindheit verscheucht. Du hast deinen Duft verbreitet und ich zog den Atem tief ein und möchte jetzt deinen Duft wieder atmen. Ich habe dich verschmeckt und jetzt hungere und dürste ich nach dir. Du hast mich berührt, und jetzt brenne ich nach dem Frieden in dir.« (Augustinus, Bekenntnisse)

Der primäre Faktor hinter dem spirituellen Suchen unserer Zeit ist also Gott. Offensichtlich bringt sein Heiliger Geist alles in Unruhe, wenn unsere Gesellschaften und religiösen Einrichtungen zu selbstgefällig oder korrupt werden. So sind zweifellos Gottes Absichten mit uns die entscheidendste Kraft hinter dem heutigen, immer stärker anschwellenden spirituellen Hunger. Wäre da nicht die beharrliche Absicht Gottes im Spiel, so bliebe wahrscheinlich nach dem Anschwellen und Verebben des neuen Interesses für Spiritualität nur eine sich am Strand verlaufende Schaumkrone davon übrig. Aber wenn wirklich Gott dabei im Spiel ist, dürfen wird darauf vertrauen, dass sich aus unserer rastlosen Suche nach seelischer Nahrung eine echtere und authentischere Spiritualität ergeben wird.

Christliche Spiritualität

Spiritualität ist dynamisch. Gottes Geist fordert uns ständig heraus, verändert uns, bewirkt Reifungsprozesse in uns. Selbst wenn man vielleicht eine ganz bestimmte, entscheidende Bekehrungserfahrung gemacht hat, bedeutet die Treue zu diesem Weg, dass man es dabei nicht bewenden lässt, sondern sich ständig neu bekehrt. Wir können unser ganzes Leben lang nie sagen, wir hätten es »erreicht«. Das spirituelle Leben setzt im Leben des Glaubenden einen Prozess ständiger Umwandlung in Gang, einen Prozess des immer weiteren Hineinwachsens in Dankbarkeit, Vertrauen, Gehorsam, Demut, Einfühlung, Dienst und Freude. In dem Maß, in dem wir unser Verhältnis zu Gott vertiefen, machen wir uns die Wege und Ziele Gottes zu eigen.

Es sollte also ganz klar sein, dass christliche Spiritualität mit Gott anfängt, von Gott abhängt und in Gott endet. Unsere Fähigkeit zum spirituellen Leben verdanken wir der Gnade dessen, der uns in der Freiheit erschaffen hat, an der Liebe unseres lebendigen Ursprungs teilzuhaben. Die alten Mystiker sprachen gern davon, wir seien »gottesfähig« (lateinisch »*capax Dei*«), das heißt imstande, das göttliche Leben zu empfangen und zu verkörpern. Paulus beschließt sein Gebet in Epheser 3 mit den bemerkenswerten Worten: »So werdet ihr mehr und mehr von der ganzen Fülle Gottes erfüllt.« Wir sind mit dem Geist Gottes auf eine Weise verbunden, die wir uns gar nicht richtig vorstellen und die wir nicht beschreiben, jedoch in unserem Leben erfahren und zum Ausdruck bringen können.

Christliche Spiritualität wird von dem initiiert und lebendig erhalten, der sowohl in uns als auch jenseits von uns lebt. Das heißt, dass sich Gott von uns in und mittels einer persönlichen Erfahrung erkennen lassen will, aber zugleich das Wesen Gottes immer auch unsere persönliche Erfahrung unendlich übersteigt. Gott als solcher bleibt zum Glück frei von allen Verzerrungen und Einseitigkeiten, die in der persönlichen Erfahrung immer unvermeidlich mitspielen. So können wir Gott zum Beispiel nicht zwingen, dem zu entsprechen, wovon wir glauben, dass er es in der Welt bewirken müsse. Wir können Gott mit unseren Gebeten nicht manipulieren; und wir können nicht mit bloßer Hartnäckigkeit und Willensanstrengung spirituell reife Menschen werden. Ein spirituelles Leben zu führen heißt nicht, sich selbst aus eigener Kraft zu ändern. Da gibt es keinen Leitfaden zum Selbermachen, kein Handbuch »Spiritualität leicht gemacht – in fünf Schritten«.

Auf den folgenden Seiten stelle ich Ihnen daher mein persönliches Verständnis von christlicher Achtsamkeit und einem bewussten Umgang mit der eigenen Seele vor und gebe Impulse der christlichen Spiritualität an Sie weiter (wie Gewissenserforschung, Fasten, geistliche Begleitung, Lebensregel). Andere wichtige Aspekte, wie das Gebet oder die Meditation der Bibel, kommen in weiteren Bänden der Reihe »Inspiration Christentum« zur Sprache.

Die Grundlagen meiner Sicht beruhen auf meiner Beschäftigung mit der Bibel. Meiner Überzeugung nach ist die Vertiefung in die Heilige Schrift die Basis und kostbarste Quelle und Richtschnur für jede Spiritualität, die sich als christlich verstehen möchte. Dabei lebe ich nicht mit der Illusion, eine »Expertin« in christlicher Spiritualität zu sein. Auch jedem anderen, der das von sich behaupten wollte, würde ich eher mit Misstrauen begegnen. Es gibt auf diesem Gebiet ungemein viele Möglichkeiten, sich selbst etwas vorzumachen, und keine bestimmte Interpretation dessen, worin das spirituelle Leben bestehe, darf den Anspruch erheben, die endgültige zu sein. Der Geist Gottes verfügt immer über die Freiheit, unser Verständnis zu erweitern.

Ich vermute, in Zeiten wie der unsrigen gehört zu dem Neuen, das der Heilige Geist in uns wirken will, dass wir uns aus dem reichen Erbe der gesamten Christenheit bestimmte zeitlose Wahrheiten wieder aneignen. Aufgewachsen und ausgebildet worden bin ich in der Tradition der Reformation, aber ich habe gelernt, wie wertvoll eine ökumenische Einstellung ist, und konnte auch in den anderen Zweigen der christlichen Tradition vieles finden, was erleuchtet und Leben spendet. Was ich vorstelle, soll allen aufgeschlossenen Suchern möglichst leicht zugänglich sein, ganz gleich, welchen konfessionellen Hintergrund sie haben.

Spiritualität für »Anfänger«

Das vorliegende Buch ist für Anfänger gedacht. Der Begriff »Anfänger« ist allerdings durchaus irreführend und paradox, denn je mehr man über das spirituelle Leben weiß und je länger man versucht, es gewissenhaft in die Praxis umzusetzen, desto deutlicher wird einem, wie einfach und elementar es in

»Es gibt auf diesem Weg keine Seele, die ein solcher Riese ist, dass sie nicht oft wieder wie ein kleines Kind werden und an der Brust trinken muss ... Weil es nämlich keine noch so erhabene Gebetsstufe gibt, auf der es nicht oft notwendig wäre, zum Anfang zurückzukehren.«
(Teresa von Ávila)

seinen Grundzügen ist. Der christlichen Spiritualität eignet eine kindhafte Einfachheit, und man kommt dabei in gewisser Hinsicht nie über die Praxis der elementarsten Dinge hinaus. Folglich bleiben wir alle Anfänger: eine Wahrheit, die bescheiden werden lässt und zugleich befreiend wirkt. Die große Karmeliterin Teresa von Ávila aus dem 16. Jahrhundert brachte diese Wahrheit gut auf den Punkt, als sie schrieb: »Es gibt auf diesem Weg keine Seele, die ein solcher Riese ist, dass sie nicht oft wieder wie ein kleines Kind werden und an der Brust trinken muss ... Weil es nämlich keine noch so erhabene Gebetsstufe gibt, auf der es nicht oft notwendig wäre, zum Anfang zurückzukehren.«

Dieses Buch richtet sich an alle, denen bewusst ist: Das Leben eines Menschen, in dem Gottes Geist wohnt, müsste eigentlich viel lebendiger sein als das, was ich bislang erfahre, aber ich weiß nicht recht, wie ich in die tieferen Dimensionen meines Glaubens vordringen könnte. Wahrscheinlich wissen Sie, dass die spirituelle Tradition bestimmte Übungen kennt, die Ihr spirituelles Leben vertiefen können – etwa Gewissenserforschung, Fasten und geistliche Lebensregel –, aber Sie wissen nicht recht, wie Sie sich darauf genauer einlassen könnten. Vielleicht sind Sie auch skeptisch, ob Sie nicht womöglich von spirituellen Schwindlern hinters Licht geführt werden. Oder Sie haben zwar das Gefühl, auf dem Gebiet des spirituellen Lebens unerfahren zu sein, verfügen jedoch über genügend sicheres Gespür, um zu merken, ob man Ihnen solide »Nahrung« oder bloß wertloses oder unverdauliches Zeug vorsetzt.

Nehmen Sie sich etwas Zeit, um sich mit dem Bild vom **Garten** *als Metapher für das* **Herz des Menschen** *zu beschäftigen. Wenn Sie wollen, lesen Sie dazu das Gleichnis vom Sämann (Markus 4,1–20).*

Spirituelle Übungen sind wie Gartengeräte. Auch der beste Spaten oder die genialste Hacke der Welt können keine gute Ernte garantieren. Sie können nur die Wahrscheinlichkeit erhöhen, dass das Wachstum ungehindert vor sich geht. Das Geheimnis des Reiferwerdens liegt im Herzen des Samenkorns, und das, was im Beet schließlich gedeiht, hängt stark von den Launen des Wetters ab. Trotzdem sind Gartengeräte wichtig, denn sie helfen, zu gewährleisten, dass die ausgesetzten Pflanzen Frucht tragen. Mit den Geräten kann man Steine und Wurzeln entfernen, den Boden auflockern, Unkraut jäten, das Beet bewässern. Spirituelle Übungen haben den Charakter von Gartengeräten. Sie helfen, den Boden unserer Liebe von Beeinträchtigungen frei zu halten. Sie halten uns offen für das geheimnisvolle Wirken der Gnade in unseren Herzen und Leben.

Unser derzeitiger spiritueller Hunger ist ein gutes Stück weit dadurch verursacht, dass wir den Anschluss an überlieferte Übungen verloren haben, die uns hätten stärken können. Wenn wir von unseren Wurzeln abgeschnitten sind, gleichen wir Pflanzen, die keine Nährstoffe mehr aufnehmen können. Allerdings muss jede Übung für unsere heutige Zeit neu ausgelegt und es muss erprobt werden, ob sie sich als brauchbare Quelle für die Stillung unseres heutigen spirituellen Hungers und Durstes eignet.

Für viele Menschen heute sind die spirituellen Übungen der Achtsamkeit, die ich in diesem Buch vorstellen möchte, ziemlich unbekannt. Es handelt sich um »vergessene Künste«, deren Wiederentdeckung sich lohnt. Die geistliche

Überlieferung legt durch die gesamte Geschichte hindurch Spuren eines lebendigen Glaubens aus und hilft uns, Erkennungszeichen zu finden, um diesen Weg auch heute zu gehen. Wenn wir uns das Beste, was die christliche Überlieferung zu bieten hat, wieder zu eigen machen, können wir ein Fest für hungrige Herzen feiern.

Spiritualität ist ganzheitlich

Im gesündesten Strom der christlichen Glaubensüberlieferung wurde das innere Leben nie vom äußeren getrennt, und den meisten von uns ist es ein ernsthaftes Anliegen, dass inneres und äußeres Leben zusammenstimmen. Wir suchen die Einheit von persönlicher und sozialer Heiligkeit. Entsetzliche Verstöße gegen die Gerechtigkeit auf der Welt wecken in uns den dringenden Wunsch, Gebet, Mitgefühl und Einsatz für die anderen miteinander zu verbinden.

Eine meiner Grundannahmen ist, dass der Geist Gottes die Tiefendimension all dessen ist, was wir als »Leben« kennen. Das spirituelle Leben ist nicht eine einzelne Scheibe unserer Existenz, sondern der Sauerteig für den ganzen Laib. Es ist die ausgedehnteste, umfassendste Dimension dessen, wer wir sind; sie enthält in ihrem Geheimnis alle Aspekte unseres Lebens: die physischen, mentalen, emotionalen und willentlichen. Ausnahmslos alles, was wir tun, denken oder uns vorstellen, wirkt sich auf unser spirituelles Leben aus, und umgekehrt beeinflusst unser spirituelles Leben jede andere Dimension unseres Wesens. Spiritualität ist von Natur aus ganzheitlich.

Das christliche spirituelle Leben richtet sich am Vorbild Jesu aus und bezieht sich daher auf das Leben in seiner Ganzheit, so wie Jesus nicht als bloßer »Geist« gekommen ist, sondern »Fleisch geworden« ist: Es umfasst auch den Leib und intensive Gefühle, Freude und Genuss an der Schöpfung, Sorge für das Wohl der Gemeinschaft und Mitgefühl für alle Menschen. Bei unserem »Weg in Christus hinein« handelt es sich um einen lebenslangen Prozess, der in unserer Tradition als »Heiligung« bezeichnet wurde, also als Hineinwachsen in immer größere Heiligkeit.

Der Begriff »Heiligkeit« ist allerdings missverständlich geworden. In Wirklichkeit ist das kein abgehobener, antiseptischer Zustand, der nichts mit unserem Familienleben, unserer Arbeit oder unserem öffentlichen Einsatz für die Gesellschaft zu tun hätte. Heiligkeit meint ursprünglich etwas durch und durch Praktisches und Konkretes. Heilige Menschen – echte »Heilige« – gehen mitten in den Dreck und Schweiß des wirklichen Lebens hinein, in dem Licht und Finsternis in einem sehr konkret folgenreichen Widerstreit liegen. Das ist der Ort, wo Gott am Werk ist. Wenn das Wort, das ich am Sonntagvormittag oder während meines privaten Gebets höre, sich nicht auf die Art und Weise auswirkt, wie ich mit meiner Familie und meinen Freunden und Feinden umgehe, meine Entscheidungen treffe, meine Einkünfte verwende und mich bei politischen Wahlen entscheide, bleibt mein Glaube ein Hirngespinst.

Der Heilige Geist will uns auf allen Ebenen umwandeln: auf der persönlichen, sozialen, ökonomischen und politischen. Gott ist der Herr unseres *ganzen* Lebens. Ein lebendiges inneres Leben zu führen und sich auf sozialem Gebiet aktiv einzusetzen: Das sind zwei gleichermaßen wichtige Aspekte des christlichen spirituellen Lebens. Der eine ist nicht »spiritueller« als der andere, und jeder nur für sich genommen ist alles andere als die volle Verkörperung des Lebens, zu dem wir in Christus berufen sind.

Die Übungen, die ich in diesem Buch vorstelle, möchten helfen, die Kluft zwischen beidem zu schließen. Ohne die

*Wie sehen Sie den **inneren Zusammenhang** zwischen **innerem Reiferwerden** und **äußeren Bekundungen des Glaubens**? Haben Sie selbst einen solchen Zusammenhang erfahren? Ist er notwendig?*

Bereitschaft, uns zunächst selbst verändern und umwandeln zu lassen, bleibt es eine Illusion, wir könnten in der Welt etwas verändern. Welche Hoffnung hätten wir zu bieten, welches neue Leben könnten wir bezeugen, solange unsere eigenen Herzen nicht von Gott neu geschaffen sind? Das Beispiel Jesu zeigt klar und deutlich, wie die Lauterkeit eines einzigen Menschen, der für den Geist Gottes durchsichtig ist, mehr zur Verwirklichung der Absichten Gottes in der Welt beitragen kann als die besten theologischen Lehren und ehrgeizigsten sozialen Unternehmungen. Was könnte nicht alles geschehen, wenn eine gesamte Gemeinde oder Gemeinschaft ganz für Gottes lebendige Gegenwart durchlässig wäre!

Ich glaube, dass das Leben in Christus eine uns bereits geschenkte Wirklichkeit ist. Es gehört uns schon, und wir können unseren Anspruch darauf erheben, sofern wir den Mut haben, uns darauf einzulassen. Und es *ist schon* ein neues Leben. Das Leben in Christus verläuft nach anderen Mustern als die uns nur allzu bekannte Welt. Statt alles zu erniedrigen und für seine eigenen Zwecke zu missbrauchen, ist es voller Ehrfurcht und Respekt gegenüber allem Lebendigen. Statt eine Machtpolitik zu vertreten, äußert es sich konkret in bescheidenem, frohem Dienen. Statt Rache und Vergeltung zu üben, bietet es Vergebung und Versöhnung an. Über alle Kräfte der Krankheit und des Todes hinaus setzt es auf Heilung und Leben. Statt Furcht und Angst zu säen, äußert es das unerschütterliche Vertrauen auf Gott. Das Leben aus dem Geist Gottes bedeutet, dass man alle Götzen verschmäht und von allen Süchten frei wird. Christus bietet uns eine realistische Hoffnung für ein realistisches Leben. Er ist die Quelle für unseren Durst, das Brot für jeden Hunger des menschlichen Herzens. »Kostet und seht, wie gütig der Herr ist!« (Psalm 34,9). Haben wir erst einmal von diesem lebendigen Brot gekostet und von diesem lebendigen Wasser getrunken, so sind wir imstande, auch andere Hungernde und Dürstende zu der uns allen offenstehende Quelle des Lebens zu führen.

2 Achtsamkeit und Gewissen – Selbsterforschung und bewusstes Leben

Erforsche mich, Gott, und erkenne mein Herz,
prüfe mich, und erkenne mein Denken!
Sieh her, ob ich auf dem Weg bin, der dich kränkt,
und leite mich auf dem altbewährten Weg!
Psalm 139,23–24

Liebe und Selbsterkenntnis

Psalm 139 spricht mit eindrucksvollen Worten von einer tiefen Wahrheit: dass Gott jeden Menschen von innen her kennt und vor ihm nichts verborgen ist. Gott erforscht und kennt jeden Aspekt unseres Wesens genauer, als wir selbst ihn erkennen. Das kann einen ganz schön in Verlegenheit bringen, aber es kann auch ein großer Trost sein.

Vermitteln uns die Worte des Psalms eher eine Art Gefühl der Panik, vor einer allgegenwärtigen Gottheit keinerlei Schlupfwinkel finden zu können, oder schenken sie uns das Gefühl einer absoluten Geborgenheit in Gottes Gegenwart? Vielleicht mag uns die Wahrheit von Gottes allsehendem Auge zuweilen bedrücken; aber letztlich ist sie das einzige Heilmittel gegen unsere Unrast. Unter Gottes stetem Liebesblick können wir jene

»Du umschließt mich von allen Seiten und legst deine Hand auf mich … Wohin könnte ich fliehen vor deinem Geist, wohin mich vor deinem Angesicht flüchten?« (Psalm 139, 5.7)

Heilung und Wiederherstellung finden, die wir so dringend brauchen. Wer das Gefühl hat, von einem ihm gütig zugetanen Gott »gesucht und erkannt« zu werden, der wird dazu bewegt und befähigt, auch selbst sein Herz aufrichtig zu erforschen.

Wer sich an die Selbsterforschung als eine heilsame spirituelle Übung machen will, muss aus eigener Erfahrung zwei grundlegende Wahrheiten kennen, denn ohne deren Erfahrung läuft Selbsterforschung Gefahr, entweder bloß eine oberflächliche Übung oder eine Anleitung zur Verzweiflung zu werden.

Die erste Wahrheit besteht in der Grundaussage unseres Glaubens: *Gott liebt uns.* Das ist eine so allgemeingültige Regel, dass Sie gar keine Chance haben, eine Ausnahme davon zu sein. Sie ist an keinerlei Bedingungen geknüpft, etwa an die, dass sie nur gelten würde, wenn Sie gut, moralisch einwandfrei und liebenswert wären. Gottes leidenschaftliche und persönliche Liebe zu jedem einzelnen Menschen bringt zum Ausdruck, wer Gott ist. Gott ist von Natur aus die unerschütterliche Liebe, und er will das auch ausdrücklich sein. Er liebt uns mit einer derart überwältigenden Liebe, dass sie von keiner unserer Sünden zu bremsen ist. Wir können diese Liebe zwar betrüben und enttäuschen, aber nichts, was wir tun oder unterlassen, kann ihre Tiefe oder Tatsächlichkeit beeinträchtigen. Sie ist ein ein für alle Mal gegebenes Geschenk. Weder unser Bemühen, diese Liebe zu erwerben, noch unser Bemühen, sie zu verlieren, vermag ihr Maß zu verändern. Da wir diese Liebe weder verdienen noch erwerben können, ist es Gottes größter Wunsch, dass wir sie annehmen und sie erwidern.

Die zweite Wahrheit besagt: In unserer Beziehung zu Gott sind wir schwach und gebrochen. Wir sind Geschöpfe, die von der Sünde desorientiert und angeschlagen sind. Sündig sein bedeutet »aus der Richtung geraten sein« wie ein schlecht gezielter Pfeil. Statt genau Gott als unser Ziel anzustreben, verfolgen wir lieber die Richtung eines verzerrten Bildes unseres

Selbst. Wir werden von Wünschen gelenkt, die auf unser Ich konzentriert sind, wir verfolgen unerfüllte Bedürfnisse und lassen uns antreiben von Illusionen darüber, wer wir sind und wodurch wir Anerkennung und Bedeutung erwerben können. Zudem sind wir darauf versessen, unser Leben selbst im Griff zu haben. Zu diesem Zweck machen wir uns die Menschen, die uns im Weg zu stehen scheinen, gefügig, und genauso die, die für das Erreichen unserer Ziele nützlich sein könnten. Der Umstand, dass wir aus der Richtung geraten sind, macht uns blind. Sogar wenn wir meinen, wir glaubten an Gott, stehen wir in Wirklichkeit Gott im Weg. Solange wir um uns selbst kreisen, leugnen wir die Tatsache, dass wir ganz wesentlich von Gott abhängig sind. Wir sehen gar nicht, wie zwanghaft wir ständig versuchen, aus eigener Kraft die Sicherheit und den Sinn unseres Lebens zu gewährleisten.

Wenn wir diese beiden Wahrheiten voll und ganz anerkennen und deshalb zugeben, dass wir uns weder Gottes Liebe verdienen noch uns unsere Sicherheit und Vollkommenheit selbst erwerben können, erreichen wir mit unserem spirituellen Leben einen wichtigen Wendepunkt. Dann geht uns nämlich auf, dass das Wesentliche in unserem Leben die Gnade ist, und wir fangen an, alles mit neuen Augen zu sehen. Statt auf uns selbst schauen wir auf Gott, fangen an, gemäß der Frohbotschaft zu leben und werden von einem Prozess der Umwandlung von uns selbst und unserer Beziehung zur Wirklichkeit erfasst. In der Heiligen Schrift werden diese Wende der

*Nehmen Sie sich einige Zeit dafür, sich diese beiden **Grundwahrheiten** durch den Kopf gehen zu lassen. Finden Sie, sie sind leicht oder eher schwer zu akzeptieren? Warum? Wenn Sie eine davon leicht nachvollziehen können, die andere schwerer, dann schauen Sie sich genauer an, woher Ihre diesbezüglichen Gefühle stammen.*

Blickrichtung und ihre Folgen als »Umkehr« bezeichnet. Wer auf Gottes hartnäckig treue Liebe setzt, wird innerlich frei und fängt an, authentischer zu werden.

Im Licht von Gottes Gnade und Barmherzigkeit finden wir den Mut, uns selbst ehrlich als der Mensch zu sehen, der wir tatsächlich sind. Wir durchschauen dann allmählich die destruktiven Verhaltensmuster unseres eigenen falschen Ichs, ohne in Selbstrechtfertigungen zu verfallen: all die Fassaden, hinter denen wir uns versteckt hatten; alle Ausflüchte, mit denen wir uns davor gedrückt hatten, Verantwortung zu übernehmen; alle Gewohnheiten, uns und anderen etwas vorzumachen und alles im Griff zu behalten; und unsere mangelnde Liebe zu Gott, zu den anderen und zu uns selbst.

Die im Folgenden vorgestellte *Achtsamkeitsübung* will unsere bewusste Wahrnehmung sowohl der positiven wie negativen Aspekte unserer Einstellungen und Vorgehensweisen schärfen. Sie ist keine Technik für tiefenpsychologische Analyse, Problemlösung oder Ich-Management. Es geht bei einer solchen Selbsterforschung in erster Linie darum, ganz Gott in den Mittelpunkt zu rücken und das eigene Leben unter dem Gesichtspunkt zu überprüfen, wann Gott tatsächlich in der Mitte steht und wann nicht.

Die Achtsamkeitsübung

Ziel der Achtsamkeitsübung ist es, die Inhalte des eigenen Bewusstseins deutlich wahrzunehmen, um sich angemessen auf Gott einlassen zu können. Bei dieser Übung achtet man auf das Gute wie das Schlechte und beobachtet den Zustand von Geist und Herz während der verschiedenen tagtäglichen Erlebnisse und Begegnungen. Die Übung dient der bewussteren Wahrnehmung, wo Gottes Gnade im Lauf des Tages anwesend war und ob man auf diese Gnade eingegangen ist oder nicht.

Unter »Bewusstheit« verstehen wir das genaue Achten sowohl auf äußere wie auch innere Wirklichkeiten. Wir sind uns physischer Daten bewusst, also solcher, die uns unsere Sinnesorgane vermitteln: wo wir sind, wem wir begegnen, was wir erleben, sehen, hören, schmecken, riechen, sowie der Strukturen des Lebens. Zudem sind wir uns auch mentaler und emotionaler Daten bewusst: was wir denken, fragen, glauben, worauf wir uns einlassen, was wir beobachten, empfinden und vermuten.

Wenn man seine Bewusstheit überprüft, wird das also selbstverständlich die äußeren und auch die inneren Daten umfassen. Denken wir über das nach, was im Äußeren geschah, so müssen wir uns auch das zu Bewusstsein bringen, was zur gleichen Zeit in unserem Inneren ablief. Mitten in einer bestimmten Begegnung oder einem Erlebnis sind wir uns nicht automatisch aller unserer Gefühle, Fragen oder Überzeugungen bewusst. Zuweilen bringen wir es gar nicht fertig, eine Frage oder Überzeugung, die uns umtreibt, richtig ins Wort zu bringen. Wenn uns dann jemand die Worte oder den Verständniszusammenhang für das liefert, was uns gerade beschäftigt, kommt uns das wie eine regelrechte Offenbarung vor. Oder es kann sein, dass wir gar nicht richtig wissen, wie wir uns bei etwas fühlen; das wird uns erst klar, wenn es vorbei ist, denn im Ereignis selbst war unser Gefühl nicht recht greifbar. Es kann einem helfen, sich seiner »inneren Daten« deutlicher bewusst zu werden, wenn man auf körperliche Hinweise achtet. So kann mir etwa mein flaues Gefühl im Magen signalisieren, dass ich Angst empfunden habe und nicht nur Überraschung. Oder die Verspannung in meinen Schultern zeigt mir vielleicht an, dass ich nicht nur erschrocken, sondern auch wütend war. Ferner kann es dafür hilfreich sein, die Natur der eigenen Gefühle genauer zu klären, wenn man sich selbst bestimmte Fragen stellt: Warum fühlte ich mich bei diesem Gespräch so aus dem Gleichgewicht gebracht? Ist meine Sorge gerechtfertigt oder eher zwanghaft?

Und schließlich ist es wichtig, sich genauer anzusehen, was hinter bestimmten Gefühlen und Reaktionen steckt: Was motivierte mich zu dieser Reaktion? War es im Grunde Angst, Stolz oder Habgier (Selbsterhalt)? War es ehrliche Sorge um andere, Liebe zur Schöpfung, der Wunsch, Gottes Willen zu erfüllen (mich selbst herzugeben)?

Wenn man auf die Gedanken, Ereignisse und Begegnungen des Tages zurückschaut, kommt man schließlich zur letzten Frage: »War es deine Liebe, Gott, die mich bewegte?« Kann man diese Frage mit klarer Bewusstheit bejahen, so führt einen das zur Dankbarkeit für die Gnade, in Kontakt mit der lebendigen Quelle des Lebens geblieben zu sein. Muss man sie verneinen, so wird man sein Versagen bekennen und um die Gnade der Vergebung und mehr Kraft für den folgenden Tag bitten.

Bei dieser Achtsamkeitsübung ist etwas ganz Grundsätzliches vorausgesetzt: dass wir den Entschluss gefasst haben, uns in Gottes Dienst zu stellen, und aus dem aktiven Wunsch leben, bewusst in Gottes Gegenwart zu sein und sich Tag für Tag von seinem Geist führen zu lassen. Wir überprüfen Gedanken und Herz, um klar und deutlich zu sehen, wohin wir geführt wurden, wann wir das Empfinden von Gottes Gegenwart hatten und wo oder wann wir diese Verbindung verloren.

Dabei können uns einige Fragen leiten: Auf welche Weise war Gott mir in den Menschen und Situationen, denen ich heute begegnet bin, gegenwärtig? War ich mir der Gegenwart Gottes bewusst? Wo bin ich heute bewusst auf die Anregung des Heiligen Geistes eingegangen? Wo nicht? Warum?

Praxis:
Sich selbst realistisch wahrnehmen –
Übungen zur spirituellen Selbsterforschung

Hier nun zwei einfache Methoden der Selbsterforschung, die Ihnen vielleicht für Ihre tägliche spirituelle Praxis hilfreich sein können.

Fünf Schritte, das eigene Leben ins Gebet zu bringen

1. Sammeln Sie die Tagesereignisse. Vergegenwärtigen Sie sich noch einmal zehn bis zwölf der wichtigsten Ereignisse des vergangenen Tages: Erfahrungen beim Gebet, bei bestimmten Gesprächen und Begegnungen, beim Essen, bei der Arbeit und anderen Tätigkeiten. Schreiben Sie sie auf.

2. Lassen Sie sich die Tagesereignisse noch einmal durch den Kopf gehen. Vergegenwärtigen Sie sich jedes der auf Ihrer Liste notierten Erlebnisse noch einmal, ohne dabei über sich selbst zu urteilen, starke Gefühle zu entwickeln oder nach Entschuldigungen zu suchen. Nehmen Sie einfach wahr: Das ist die tatsächliche Substanz meines Alltagslebens.

3. Bedanken Sie sich für die Tagesereignisse. Danken Sie Gott für jedes einzelne Ereignis Ihres Tages und Ihres Lebens; danken Sie ihm auch dafür, dass Gott mitten darin bei Ihnen war.

4. Sprechen Sie vor Gott aus, wo und wann Sie in Gedanken, Worten und Taten vor Gott, Ihrem Nächsten und sich selbst (und der Schöpfung) versagt haben, und bitten Sie Gott um Vergebung und neue Kraft.

5. Fragen Sie nach dem Sinn all dieser Ereignisse. Denken Sie über die tiefere Bedeutung dieser Ereignisse in Ihrem Leben nach und stellen Sie sich Fragen wie: Was sagt mir Gott damit? Wozu bin ich berufen? In welchem Bezug

steht das zu meinem übrigen Leben? Schreiben Sie auf, was Ihnen dabei einfällt.

Eine tägliche Achtsamkeitsübung mithilfe eines Tagebuchs
Bei dieser Übung geht es um die kontemplative Achtsamkeit, nicht um intensive Erkenntnisse oder analytische Klärungen. Ihr Ziel ist der »leichte, offene Blick auf den Tag … mit dem Wunsch, seine Bruchstücke vor Gott zusammenzufügen« (Tilden Edwards).

1. Fangen Sie damit an, dass Sie sich entspannen. Versetzen Sie sich hierauf ins Bewusstsein der Gegenwart Gottes und lassen Sie Ihren Wunsch lebhaft hochkommen, während des ganzen Tages im Bewusstsein dieser Gegenwart leben zu können. Sie können auch ein kurzes Gebet sprechen, es mögen Ihnen die Gnaden, die Ihnen an diesem Tag angeboten werden, voll zu Bewusstsein kommen.
2. Sie brauchen nicht etwas Bestimmtes zu finden. Seien Sie einfach still und offen und horchen Sie darauf, welche Erinnerung aus diesem Tag wohl hochkommt. Wenn etwas auftaucht, achten Sie genau darauf, auf welche Weise die Gnade da im Spiel ist. Wie war Gott gegenwärtig? Lassen Sie in sich das Gefühl der Dankbarkeit für dieses Geschenk aufsteigen und sprechen Sie diese vor Gott aus.
3. Dann achten Sie darauf, auf welche Weise Sie für Gott oder andere mitten in diesem Augenblick gegenwärtig waren. Wenn Sie feststellen, dass Sie sich der Gnade nicht bewusst waren oder nicht auf sie eingingen – weil Sie vielleicht zu sehr an Ihrem Ich festhielten –, dann atmen Sie vielleicht einfach ein kurzes Gebet wie »Herr, erbarme dich meiner«. Wecken Sie bewusst den Wunsch, das nächste Mal besser auf Gott einzugehen.

4. Wenn Sie feststellen, dass Sie sich der Gnade Gottes bewusst oder zumindest für sie offen waren, dann lächeln Sie Gott einfach mit Danksagung zu.

5. Halten Sie sich jetzt eine weitere Begebenheit dieses Tages bewusst vor Augen und wiederholen Sie dieses Vorgehen. Auf diese Weise werden Sie auf die verborgene Anwesenheit Gottes in Ihrem Tagesverlauf aufmerksam sowie auch dessen bewusst, wie Sie darauf eingingen, sie verkannten oder ihr Widerstand leisteten.

6. Wenn Sie Ihre Beobachtungen abgeschlossen haben, schreiben Sie alle Reaktionen, die Ihnen kommen und wichtig erscheinen, kurz und knapp auf. Ist Ihnen etwas Überraschendes aufgegangen? Haben Sie bei sich ein bestimmtes Muster entdeckt, wie Sie auf andere Menschen aufmerksam eingehen? Haben Sie heute auf besondere Weise eine Gnade oder ein Gefühl der Dankbarkeit empfunden?

Eine solche Achtsamkeitsübung fördert die Bereitschaft, sich ganz offen selbst ins Visier zu nehmen und zu allem zu stehen, was einem dabei über sich selbst aufgehen mag. Übt man das täglich, so ist das eine hilfreiche Möglichkeit, die Regungen des eigenen Herzens über einen längeren Zeitraum genau mitzuverfolgen. Durch Ihre Notizen im Tagebuch entsteht im Lauf der Zeit ein für Sie aufschlussreiches Protokoll.

Es dürfte kaum eine bessere Übung geben, um derart klar und deutlich sehen zu lernen, wo Gottes Gnade in der täglichen Mühle routinemäßiger Tätigkeiten und Beziehungen anwesend ist. Die tägliche Selbsterforschung ist eng mit dem Gebet verknüpft. Sie ist zudem ein natürliches Hilfsmittel für die andauernde Beziehung zu einem spirituellen Begleiter, wie ich sie im 4. Kapitel beschreibe.

Achtsamkeit für Gottes Stimme

Die spirituelle Überlieferung des Christentums lehrt uns, dass Selbsterkenntnis und die Erkenntnis Gottes Hand in Hand gehen. Nur aus der Beziehung zu Gott heraus wissen wir wirklich, wer wir sind, und das Wissen über Gott lässt uns unsere tatsächliche Verfassung immer besser erkennen. Aber wie hören wir Gottes Stimme? Zwischen zwei Menschen kann klare Kommunikation sehr schwierig sein, obwohl sie sich dem Augenschein nach einander zuwenden und ihre Worte mit Mimik und Gestik verdeutlichen können. Erst recht ist es schwer, die Kommunikation mit jemandem aufzunehmen, der sich nicht sehen, berühren, hören und erforschen lässt. Und doch möchte Gott erkannt werden und verfügt über viele Möglichkeiten, sich uns mitzuteilen, sofern wir bereit sind zu hören.

Die Bibel

Die biblischen Schriften sind der naheliegendste Ort, an dem man damit beginnen sollte, auf Gottes Stimme zu hören. Gottes Selbstmitteilung ist zwar nicht auf die Seiten der Bibel begrenzt, aber wenn wir für seinen Geist offen sind, dürfen wir erwarten, Gott aus den Schriften sprechen zu hören, die ganz bewusst als »Gottes Wort« bezeichnet werden: Viele Jahrhunderte hindurch und in den unterschiedlichsten Kulturen haben Menschen erfahren, dass dieses Wort mit immer gegenwärtiger Kraft zu den Menschen spricht.

Die Schöpfung

Manche Menschen finden es am einfachsten, in der Schöpfung Gottes Stimme zu hören. Der 19. Psalm anerkennt, dass die Schöpfung laut von der Wirklichkeit Gottes redet: »Die

Himmel rühmen die Herrlichkeit Gottes, vom Werk seiner Hände kündet das Firmament ... ohne Worte und ohne Reden, unhörbar bleibt ihre Stimme, doch ihre Botschaft geht in die ganze Welt hinaus« (Psalm 19,2.4–5).

Die Schöpfung verfügt über eine ganz eigene Sprache der Verkündigung und des Lobpreises Gottes. Jeder Aspekt der Schöpfung spricht von seinem Schöpfer, genau wie ein vollendetes Kunstwerk etwas von der Seele des Künstlers offenbart. Auch der Schöpfer spricht zu uns durch seine Schöpfung. Sind nicht die Stresssignale unserer Erde und der Kollaps gesamter Ökosysteme eine deutliche Botschaft von Gott? Ganz bestimmt übermittelt uns hier die Erde ein Wort darüber, wie dringend notwendig es wäre, einfacher zu leben und mit größerer Verantwortung auf unser Leben mit der Schöpfung Gottes zu achten. Das Hören auf die Signale unserer Erde kann eine Form des Hörens auf Gott sein.

Unsere Mitmenschen

Oft hören wir Gottes Stimme auf dem Weg über einen anderen Menschen. Vielleicht sagt jemand, der uns gut kennt, genau das Wort, das wir brauchen, auf die Art, dass wir es erfassen können. Vielleicht taucht zu einem entscheidenden Zeitpunkt ein völlig fremder Mensch auf mit einem Wort, das uns ermutigt, weiter weist oder warnt. Auch wenn sich die meisten von uns dessen gar nicht bewusst sind, dass sie für andere als Werkzeuge der Gnade verwendet werden, umgibt uns Gott tagtäglich mit ganz persönlichen Überbringern seiner Botschaften.

Lebenssituationen

Ein weiteres Medium der Kommunikation Gottes mit uns sind unsere jeweiligen Lebensumstände. Manche Türen lässt Gott aufgehen, andere schlägt er zu. Eine problematische Beziehung kann die Aufforderung enthalten, genauer auf Aspekte in uns selbst zu achten, denen wir uns noch nicht genügend gestellt haben. Auf dem Weg über die Weisheit unseres Körpers schickt uns Gott die Botschaft, langsamer zu tun oder unsere Prioritäten neu zu ordnen. Glückliche Fügungen und enttäuschende Sackgassen des Alltags sind voller Botschaften. Sie lassen sich im Gebet durch geduldiges Hinhören und mithilfe der Gnade des Geistes Gottes entschlüsseln. Eine gute Gewohnheit ist es, sich immer wieder die Frage zu stellen: »Was will Gott mir mit dieser Situation sagen?« Dem eigenen Leben zuzuhören ist ein wichtiger Bestandteil des Gebets.

Träume

In jüngster Zeit sind die Träume wieder als potenzielle Medien des Geführtwerdens durch Gott erkannt worden. Die Bibel ist voller Geschichten, in denen Gott durch Träume zu Menschen spricht. Im Rückgriff auf Einsichten der Tiefenpsychologie gehen zeitgenössische spirituelle Autoren davon aus, dass die Symbole unseres Innenlebens das ganz natürliche Medium spiritueller Einsichten sind. Wie die Bibel reich bezeugt, spricht Gott sehr oft mittels Symbolen und Bildern zu uns. Diese sind das Medium, in dem auch unsere Träume existieren. Viele gläubige Menschen fanden es ungemein hilfreich, auf ihre Träume zu achten. Zwar bedarf es einiger Übung, um die Sprache seiner Träume richtig entziffern zu können, aber wenn man sich intensiver damit beschäftigt, kann das eine Fülle von Einsichten erschließen, die über den psychologischen Bereich hinaus auch spirituelle Wahrheiten eröffnen.

Achtsamkeit und Gewissen

Viele Gottsucher haben die Erfahrung gemacht, dass das regelmäßige Schreiben eines Tagebuchs eine wertvolle Möglichkeit ist, genauer auf sich selbst und auf Gott zu hören. Im Lauf der Jahrhunderte haben viele Christen spirituelle Autobiografien, persönliche Tagebücher und spirituelle Aufzeichnungen verfasst. Manche schrieben von vornherein im Hinblick auf eine Veröffentlichung. Andere verfassten ihre ganz persönlichen und vertraulichen Texte nur für sich selbst und verfügten ausdrücklich, dass sie nach ihrem Tod verbrannt werden sollten. Heute kann das Tagebuchschreiben verschiedene Formen annehmen. Man kann zum Beispiel in Gebetsform festhalten, was einem an Einsichten, Fragen und Empfindungen bei der regelmäßigen Betrachtung der Heiligen Schrift kommt; oder man formuliert im Tagebuch seine Träume und deren Auswertungen; oder man beschreibt die Tagesereignisse, seine Auseinandersetzungen damit und die eigenen Prozesse, um zu bestimmten Entscheidungen zu kommen. Eine interessante Technik beim heutigen Tagebuchschreiben besteht darin, fiktive Dialoge mit Menschen zu verfassen, die für das eigene Leben ganz wichtig sind, oder Gespräche zwischen verschiedenen Stimmen und Tendenzen in einem selbst. Es kann auch hilfreich sein, einen fiktiven Dialog mit einer Gestalt aus der Bibel zu schreiben. Tagebücher halten fest, mit welchen spirituellen Fragen man sich im Lauf der Zeit auseinandergesetzt, welche Kämpfe man durchgestanden, welche Einsichten man erworben hat. Wenn man sie später wieder liest, kann man eventuell bestimmte Grundmuster erkennen, Leitthemen und rote Fäden, die sich durchziehen: charakteristische Eigenschaften des eigenen Weges; Bereiche, in denen man reifer geworden, und solche, in denen man stecken geblieben ist; und durch alles hindurch die Spuren des Wirkens der Gnade und Führung Gottes.

Intuitionen

Ferner gibt es noch subtilere und geheimnisvollere Weisen, auf die man Gott sprechen hören kann. Oft stellen sie sich unerwartet ein, entweder mitten im ganz gewöhnlichen Alltagsgeschäft oder in der Stille der Kontemplation: Da kann eine tiefe Intuition aufblitzen, eine jähe glasklare Einsicht oder einfach ein eindeutiges Gespür für den Sinn eines bestimmten Sachverhalts. Sie haben sicher schon gehört, dass jemand sagte – oder Sie haben es schon selbst gesagt –: »Irgendwie wusste ich auf einmal ganz klar, was ich zu tun hatte« oder »Plötzlich fiel es mir wie Schuppen von den Augen« oder »Da kamen mir genau die richtigen Worte«.

Hören lernen

Jeder kann ein solches inneres »Gespür« unverdient geschenkt bekommen, aber wahrscheinlicher ist es, dass es sich allmählich entwickelt, wenn man es im Lauf der Zeit lernt, sich auf die leisen Regungen des Geistes Gottes im eigenen Umfeld und im eigenen Inneren einzustimmen. Zur Schule des Gebets gehört es ganz wesentlich, seine eigenen Vorhaben zurückzustellen und geduldig darauf zu warten, dass Gott seine Absichten kundtut. Alleinsein und inneres Schweigen verschaffen die günstigste Umgebung dafür, die »stille, leise Stimme« zu hören. Vielleicht ahnen Sie jetzt, dass jeder Mensch und jedes Ding ein Bote Gottes für uns sein kann. Tatsächlich versucht Gott, uns auf dem Weg über alle Aspekte unseres Lebens auf sich aufmerksam zu machen, und es kommt ganz wesentlich darauf an, dass wir darauf hören. Zum achtsamen Hören gehört auch das klare Unterscheiden. Nicht alle Botschaften, die wir hören, sind göttlichen Ursprungs. Für diesen Prozess ist es im Christentum wichtig, in Gemeinschaft mit anderen Christen zu bleiben und im Gespräch über das Verständnis Gottes.

Achtsamkeit und Gewissen

Gewissenserforschung: Selbsterkenntnis ohne Angst

Eine besondere Form der christlichen Überlieferung, achtsam mit dem eigenen Leben umzugehen und auf Gottes Stimme zu hören, ist die Gewissenserforschung. Bei der Gewissenserforschung »setzt sich die Seele dem Blick Gottes aus, ... lässt sich von ihm durchbohren und wird sich all der Dinge bewusst, die der Vergebung bedürfen und bereinigt werden müssen, ehe sie sich ganz der Liebe zu Dem widmen kann, dessen liebevolle Sorge um sie so unerschütterlich war« (Douglas V. Steere). Man macht sich dabei alle die Charakterzüge, Neigungen, Einstellungen und Verhaltensweisen klar, die das eigene Wohl und dasjenige anderer beeinträchtigen und es schädigen, also eindeutig Gottes Absichten mit uns im Weg stehen. Man entdeckt dabei, wo und warum das eigene Leben und die eigenen Beziehungen nicht in Ordnung sind.

Das unmittelbare Ergebnis einer solchen unerbittlichen Wahrhaftigkeit ist die Selbsterkenntnis. Auf längere Sicht geht es darum, die eigenen destruktiven, störenden Lebensmuster Gott auszuliefern, damit man mehr zu dem Menschen werden kann, der man nach Gottes Absicht sein könnte.

Es gibt mehrere Möglichkeiten, wie man täglich eine Selbstüberprüfung vornehmen kann. Die orthodoxen Christen verwenden seit langem die Seligpreisungen der Bergpredigt als Gewissensspiegel (Matthäus 5,1–8), während die römischen Katholiken meistens die Zehn Gebote zugrunde legten. Bei den Protestanten gab es beides. Die klassische »Gewissenserforschung« der klösterlichen Tradition umfasst fünf Schritte:

> Danksagung für alle empfangenen Gaben,
> Gebet um klare Einsicht,
> Gewissenserforschung,
> Akte der Reue und Zerknirschung,
> der gute Vorsatz, es künftig besser zu machen.

Machen Sie an zwei aufeinander folgenden Tagen eine **Gewissens-erforschung.** *Überdenken Sie am ersten Tag Ihre Verhaltensweisen und Einstellungen im Licht der Zehn Gebote (Exodus/ 2 Mose 20,1–17). Machen Sie dann am nächsten Tag das Gleiche mit den Seligpreisungen (Matthäus 5,1–11). Hilft Ihnen ein Ansatz besser als der andere, sich selbst klarer zu sehen? Warum?*

Eine Fehlform der Gewissenserforschung wäre ein Umgang mit der eigenen Seele, der nur noch wie besessen an die eigenen Fehler denkt, sich in Schuldgefühlen wälzt und sich mental ständig selbst bestraft. »Skrupulosität« heißt diese Fehlform in der christlichen Tradition. Hinter dieser Selbstverdammung kann neben Ängsten auch eine Form des spirituellen Stolzes stecken, mit dem man den eigenen Sünden ein derartiges Gewicht zumisst, dass man sich für unerlösbar hält: »Ich bin so schlimm, dass nicht einmal Gott mir verzeihen kann!« Ein solcher Mangel an Vertrauen auf Gottes Gnade ist ein Ausdruck des Stolzes wie auch der Angst. Das Heilmittel dagegen besteht darin, so weit wie möglich aufzuhören, an das eigene Elend zu denken und stattdessen sein Denken ganz auf Gottes Barmherzigkeit zu richten. Echte Demut lässt uns beharrlich auf Gott schauen. Sie hilft uns die Tatsache annehmen, dass wir immer wieder straucheln und fallen. Wenn wir in Versuchung geraten, hält uns die Demut vor verhängnisvoller Selbstanklage zurück und wendet uns einfach wieder der Liebe Gottes und seiner Hilfe zu.

Wenn man sich aus dieser Haltung heraus selbst erforscht, hat das eine gewisse Leichtigkeit an sich. Fühlt man sich auf die

»Die echte Demut geht nicht mit Verwirrung einher oder beunruhigt die Seele nicht, noch hüllt sie diese in Dunkelheit oder Trockenheit, sondern tut ihr gut und verläuft genau umgekehrt: mit innerer Ruhe, Sanftheit und Licht.« (Teresa von Ávila)

Gnade Gottes eingestimmt, so bewegt einen das zur Dankbarkeit für allen bereits empfangenen Segen. Und fühlt man sich gerade etwas aus der Einstimmung auf Gottes Geist herausgefallen, so sucht man den Segen der Vergebung und Heilung und wünscht sich, dass man die Gnade Gottes wieder deutlich spüren darf. Man verliert also in keinem Fall etwas!

Die Überprüfung seiner selbst ist ein Anlass zur spirituellen Auffrischung, ganz unabhängig davon, was man dabei in sich findet. Ihr Zweck besteht immer darin, uns zu engerer Vertrautheit mit dem, der uns liebt, zu bringen, damit wir immer besser die Wege einzuschlagen vermögen, die er für uns vorgesehen hat. Ja, die Übung der Selbsterforschung wird nur dann richtig fruchtbar werden, wenn sie dem ehrlichen Wunsch entspringt, immer mehr Gott zu gehören und ihn so zu lieben, wie er uns liebt.

Die Früchte der Selbsterforschung

Tägliche Selbsterforschung zeitigt etliche wertvolle Früchte. Übt man sie unter dem Blick Gottes und unter Anleitung seines Heiligen Geistes, so führt sie zu einer gesunden Selbstbewusstheit. Die Tradition lehrt uns, dass Selbsterkenntnis und die Erkenntnis Gottes Hand in Hand gehen. Nur aus der Beziehung zu Gott heraus wissen wir wirklich, wer wir sind, und das Wissen über Gott lässt uns unsere tatsächliche Verfassung immer besser erkennen. Da es die Aufgabe des Heiligen Geistes ist, uns zu zeigen, wer wir sind, sind wir ohne seine Gnade zu einer klaren Selbsterkenntnis nicht fähig. Die Selbsterforschung ist ein Mittel dazu, sich seiner selbst als auf Gottes Liebe bezogenes Wesen deutlicher bewusst zu werden.

Ein Ergebnis zunehmender Bewusstheit unseres Selbst ist eine immer größere Wahrhaftigkeit. Die Demut erlaubt es uns, wirklich so zu sein, wie wir sind. Wir müssen keine gute Miene aufsetzen oder eine falsche Fassade aufrichten. Es besteht auch kein Bedarf, Eindruck zu schinden oder sich zu verstecken. Wir versuchen überhaupt nicht, uns vor Gottes Augen zu verbergen oder besser hinzustellen, als wir sind. Die Wahrhaftigkeit schenkt uns die Freiheit, allen falschen Schein aufzugeben und in schlichter Aufrichtigkeit zu leben. Auf diese Weise wird im eigenen Leben das Wort Jesu wahr: »Ihr werdet die Wahrheit erkennen, und die Wahrheit wird euch frei machen« (Johannes 8,32).

Eines der kostbarsten Ergebnisse der Selbsterkenntnis ist ein größeres Mitgefühl und Mitleiden. Je deutlicher wir uns selbst erkennen, desto schwieriger wird es für uns, die Schwächen und das Versagen anderer zu verurteilen. Wir entdecken, dass wir selbst ständig auf unserem Weg stolpern, auch wenn wir uns von Herzen danach sehnen, Christus ähnlicher zu werden und alles zu tun versuchen, um in seinem Namen die anderen zu lieben und für sie da zu sein. Die Gewissenserforschung hilft uns, deutlich die Umstände zu sehen, unter denen wir in Verhaltensmuster wie Eifersucht, Rechtfertigung, Feindseligkeit, Reaktionen auf Unsicherheit, uns selbst schädigende

»Ein Bruder in der Sketis war gefallen. Man hielt eine Versammlung ab und schickte nach Abbas Moses. Der aber wollte nicht kommen. Daraufhin sandte ihm der Priester den Auftrag: ›Komm, denn das Volk erwartet dich!‹ Moses erhob sich und kam. Er nahm einen durchlöcherten Korb, füllte ihn mit Sand und nahm ihn auf die Schulter. Die Brüder gingen ihm entgegen und sagten zu ihm: ›Was ist das, Vater?‹ Da sprach der Greis zu ihnen: ›Das sind meine Sünden. Hinten rinnen sie heraus, und ich sehe sie nicht, und nun bin ich heute gekommen, um fremde Sünden zu richten.‹ Als sie das hörten, sagten sie nichts mehr zu dem Bruder, sondern verziehen ihm.« (Aus den Sprüchen der Wüstenväter)

Achtsamkeit und Gewissen

Gewohnheiten und Sucht nach Prestige oder materiellem Reichtum verfallen. Wir beginnen, genauer zu durchschauen, wie verzerrt die Motive des menschlichen Handelns oft sind, und verstehen aus persönlicher Erfahrung, wie anziehend das Böse sein kann.

Wenn wir die Wirklichkeiten der Sünde in uns selbst sehen, können wir uns mit der Gebrochenheit anderer identifizieren. Statt jemanden zu verurteilen, dessen Verhalten uns irritiert oder uns inakzeptabel erscheint, fallen uns vielleicht ganz ähnliche Verhaltensweisen aus unserem eigenen Leben ein. Das macht das Fehlverhalten nicht erträglicher, aber es hilft uns sehen, dass der betreffende Mensch in bestimmter Weise verwundet ist und fast zwanghaft so handelt. Dabei können wir lernen, einen Unterschied zwischen dem Verhalten des betreffenden Menschen zu machen, das tatsächlich abzulehnen ist, und dem Menschen selbst, den wir trotzdem nicht ablehnen sollten, weil auch er ein Kind Gottes ist. Vielleicht beten wir sogar irgendwann für Menschen, von denen wir uns früher nie hätten vorstellen können, dass wir für sie beten würden!

Die Selbsterforschung hilft uns, Menschen zu werden, die mit sich selbst im Frieden sind und daher auch mit anderen Frieden schließen können. Das Mitleiden zeitigt als Frucht die Vergebung. Ohne das Gefühl, mit allen Menschen gemeinsam ins Netzwerk der Sünde verstrickt zu sein, wäre es unmöglich, anderen zu vergeben. Doch wenn man erlebt, dass ein gütiger Gott die Schwächen, die man hat, akzeptiert und heilt, wird man fähig, dieses Geschenk auch an andere weiterzugeben. Gottes frei angebotene Liebe lässt unsere Herzen milder werden, sodass wir andere von den Stricken unserer Urteile lösen können. Solches Vergeben ist die Grundlage für Versöhnung und der Anfang jeder Friedensstiftung.

Über die Kunst der Selbsterforschung gibt es noch viel mehr zu entdecken. Durch die regelmäßige Achtsamkeitsübung lernen wir, wie wir die Anregungen des Heiligen Geistes im eigenen Herzen deutlich erkennen und von falschen Anregungen unterscheiden können. Diese Kunst wird als die »Gabe der Unterscheidung der Geister« bezeichnet. Sie befähigt uns, bestimmte Wahl- und Lebensentscheidungen zu treffen, die Gottes Absichten mit uns entsprechen. Wenn uns ein Christ, der in dieser Kunst erfahren ist, begleitet, kann uns das eine wichtige Hilfe dabei sein, uns in Selbstbewusstheit und Unterscheidung der Geister einzuüben. (In Kapitel 4 werden wir dieses Thema der spirituellen Begleitung genauer behandeln.)

3 Leerwerden von sich selbst –
Die Neuentdeckung des Fastens

Durch Hunger hat dich Gott gefügig gemacht
und hat dich dann mit dem Manna gespeist,
das du nicht kanntest
und das auch deine Väter nicht kannten.
Er wollte dich erkennen lassen,
dass der Mensch nicht nur von Brot lebt,
sondern dass der Mensch von allem lebt,
was der Mund des Herrn spricht.
Deuteronomium/5 Mose 8,3

Fasten und unser Hunger nach Leben

Fasten ist in jeder Religion eine wichtige spirituelle Praxis, ist
aber inzwischen als spirituelle Übung bei uns weithin außer
Gebrauch gekommen. Nicht wenige – vor allem Frauen – fasten zwar regelmäßig oder sogar dauernd, um schlanker und
gesünder zu sein, und manche tun das auch, um politisch etwas
zu erzwingen. Aber dabei kommt die tiefere spirituelle Bedeutung einer Phase des Fastens kaum in den Blick. Meiner Überzeugung nach wäre es aber ungemein wertvoll, die spirituelle
Dimension des Fastens neu zu entdecken.

In der alten jüdischen Tradition diente das Fasten haupt-
sächlich zwei Zwecken. Der Erste war, die persönliche oder
nationale Reue für Sünden zum Ausdruck zu bringen und auf
diese Weise angesichts einer bevorstehenden Zerstörung oder

Wie reagieren Sie ganz grundsätzlich auf die **Vorstellung zu fasten***? Schreiben Sie Ihre Gefühle und eventuellen Vorbehalte auf, bevor Sie dieses Kapitel lesen. Dann gehen Sie das Aufgeschriebene noch einmal durch, wenn Sie das Kapitel fertig gelesen haben.*

Katastrophe demütig zu Gott zu flehen (siehe Joel 2, Jona 3 und Ester 4). Der zweite Zweck war, sich persönlich auf den Empfang der Stärke und Gnade vorzubereiten, die man zur Erfüllung einer besonderen Sendung durch Gott brauchte. Die wichtigsten Beispiele dafür sind die vierzigtägigen Fastenzeiten in der Wildnis, die Mose, Elija und Jesus hielten (Exodus 24 und 34; 1 Könige 19; Matthäus 4). Das Fasten hatte dabei also den Sinn, den Betreffenden zum tauglichen Organ des Heilshandelns Gottes an seinem Volk zu machen.

Jesus verband Gebet und Fasten, um seine Versuchungen in der Wüste zu bestehen. Die frühe Kirche hielt sich an kritischen Punkten in ihrem Leben an diese Praxis, um genau sehen zu können, wie Gott sie führen wollte; außerdem weihte sie die Boten des Evangeliums unter Fasten und Gebet zu ihrem Dienst (Apostelgeschichte 13,3–4). Einige alte Manuskripte enthalten zudem bei der Geschichte von der Heilung eines besessenen Jungen durch Jesus die Aussage Jesu, diese Art von bösem Geist könne »nur durch Gebet und Fasten« ausgetrieben werden (Markus 9,29). Diese Beispiele legen den Schluss nahe, dass uns die Verbindung von Gebet und Fasten in einem höheren Maß für das Wirken der Kraft Gottes öffnet als das Gebet allein.

Zur Zeit Jesu war das regelmäßige Fasten ein normaler Bestandteil der jüdischen Frömmigkeit (vergleiche Lukas 18,12; Matthäus 6,16). Bis in die jüngste Zeit galt es auch im Leben der Christen als ganz normal, und es wird immer noch in den orthodoxen Ostkirchen und in der römisch-katholischen

Leerwerden von sich selbst

Kirche praktiziert. Martin Luther und Johannes Calvin waren starke Befürworter des Fastens. Calvin empfahl es, um erstens die unnötigen Süchte »des Fleisches« zu dämpfen, zweitens sich auf das Gebet und die Betrachtung vorzubereiten, und drittens dadurch seine Demut vor Gott im Bekenntnis zum Ausdruck zu bringen.

In der christlichen Tradition wurde das Fasten zwar gelegentlich in ungesunde Extreme gesteigert, aber sie bietet auch Beispiele für sehr gesunde Ansichten. Solches Fasten dient dazu, uns daran zu erinnern, wie sehr wir von Gott abhängen. Schon meine eigene, noch ziemlich begrenzte Erfahrung mit dem Fasten hat mich davon überzeugt, dass es »uns nicht etwa schwächt, sondern leicht, konzentriert, nüchtern, froh und rein werden lässt. Man empfängt dann seine Nahrung viel bewusster als echtes Gottesgeschenk. Man wird ständig auf jene inneren Wirklichkeiten hingelenkt, die auf unerklärliche Weise zu einer Art Nahrung ganz eigener Art werden«, wie Alexander Schmemann in seinem Buch *Great Lent* (New York 1974) bemerkt.

Genau wie wir uns an den uns ständig umgebenden Lärm und an unsere überfüllten Terminkalender gewöhnt haben, ist uns auch das ständige Vorhandensein von Nahrungsmitteln zur Selbstverständlichkeit geworden. Schon allein die Vorstellung, wir könnten einmal auch nur einen einzigen Tag ohne sie sein, wäre imstande, einige der unbewussten Annahmen, auf die wir unser Leben gebaut haben, zu untergraben. Genau aus diesem Grund bleibt das Fasten für ein spirituelles Leben heute so wichtig. Es offenbart uns auf eine viel leibhaftigere, spürbarere Weise als jede andere spirituelle Übung, wie übermäßig wir an allen möglichen Dingen und scheinbaren Selbstverständlichkeiten hängen.

Jesus sagte, seine »Speise« sei es, den Willen dessen zu tun, der ihn gesandt habe (Johannes 4,31–34). Sind wir uns dessen

»Letztlich bedeutet Fasten nur eines: hungrig zu sein – also an die Grenzen jener Grundbedingung des menschlichen Lebens zu gehen, über Nahrung zu verfügen. Aber im Hungrigsein kann man entdecken, dass es nicht die ganze Wahrheit ist, wenn man sagt, das menschliche Leben hänge vom Essen ab, denn der Hunger ist zuallererst einmal ein spiritueller Zustand. Er verweist auf die Tatsache, dass der Mensch zutiefst Hunger nach Gott hat.« (Alexander Schmemann)

bewusst, in welch hohem Maß unser Leben von etwas anderem als unserer physischen Nahrung gewährleistet wird? Sind wir wirklich der inneren Überzeugung, Christus sei unser Leben? Solange wir uns nicht gelegentlich einmal dessen enthalten, was uns nur physisch am Leben hält und mit den äußerlichen Dingen des Lebens zufrieden sein lässt, erfassen wir erst recht schwach, wie sehr Christus unsere Nahrung ist.

Fasten: Ja zu den Grenzen, die das Leben schützen

Wer Genaueres über den Sinn und die Praxis des Fastens im Christentum erfahren möchte, braucht sich nur anzuschauen, wie in der Kirche die alljährliche »Fastenzeit« verstanden wurde. Sie stellt nach alter Tradition eine Zeit besonderen Betens und Fastens zur Vorbereitung auf das »Fest aller Feste«, das Osterfest, dar. Das zeigt zunächst einmal, dass das Kirchenjahr von bestimmten Rhythmen geprägt war, bei denen zwischen Festen und Fasten abgewechselt wurde. Man kann die tatsächliche Bedeutung von Ostern nur richtig erfahren, wenn man vorher intensiv die Fastenzeit mitgemacht hat, denn das Maß an Freude und Erleichterung bei einem Fest steht in umgekehrt proportionalem Verhältnis zur vorausgegangenen Entbehrung. Haben wir nicht vielleicht die Kunst des echten Festefeierns verlernt, weil wir das Fasten abgeschafft haben?

Spirituelle Übungen verharmlost man immer dann, wenn man ihren ursprünglichen Zweck nicht mehr kennt. Die Fastenzeit ist nicht als sechswöchige Zeit mit etwas weniger Annehmlichkeiten als sonst gedacht, um mit freiwilligen kleinen Verzichten Gott eine Freude zu machen. Die Fastenzeit ist auch keine Teststrecke für das Durchsetzungsvermögen unserer Willenskraft. Und erst recht liefert sie bestimmt nicht die »spirituelle« Veredelung des Wunsches, mindestens fünf Kilo abzunehmen, bevor man sich im Sommer wieder im Badeanzug an den Strand traut. Sie sehen: Man kann eine Praxis wie das Fasten recht leicht zu einem Mittel verkehren, irgendwelche eigenen vordergründigen Ziele zu erreichen. Die eigentliche Frage, um die es bei jeder spirituellen Übung geht, lautet aber: Was möchte Gott auf diesem Weg der Einübung in mir zustande bringen?

Für die frühe Kirche war die Fastenzeit gerade das Gegenteil einer öden Zeit der Beschränkung und Selbstquälerei. Man verstand sie vielmehr als eine Möglichkeit, wieder ein Leben in der Fülle des Menschseins zu führen, denn man war der Überzeugung, zu dieser Fülle gehöre die Gemeinschaft, die Kommunion mit Gott, aus der der Mensch jedoch beim Sündenfall herausgefallen sei. Diese Sicht kommt besonders deutlich in der Liturgie und Theologie der orthodoxen Ostkirchen zum Ausdruck: »Nach der Lehre der Orthodoxie wurde die Welt (Adam und Eva) von Gott zur ›Nahrung‹ gegeben, das heißt zum Mittel, um davon zu leben ... In der Nahrung selbst war Gott ... das Lebensprinzip. Von daher war es ein und dasselbe, zu essen, lebendig zu sein, Gott zu kennen und mit ihm zu kommunizieren. Die abgrundtiefe Tragik Adams ist, dass ... er ›abseits‹ von Gott aß, um von Gott unabhängig zu sein, ... denn er meinte, die Nahrung berge in sich selbst Leben, und wenn er nach dieser Nahrung greife, könne er wie Gott sein, das heißt, Leben aus sich selbst haben« (zitiert nach Alexander Schmemann, *Great Lent*, S. 94).

Am Anfang hatte Gott Adam und Eva erlaubt, von allen Früchten des Paradiesgartens zu essen, außer von einer. Diese eine Frucht unter unzähligen anderen zeigte eine Grenze der Freiheit des Menschen an, und sie anzuerkennen war die einzige Enthaltung, die Gott den Menschen abverlangte. Sie sollten damit zur Tatsache stehen, dass der Mensch mit seinem Leben von Gott abhängig ist. Aber Adam und Eva ließen sich von der Schlange verführen (die ein Bild für Gottes Feind, Satan, ist). Die Schlange stellte mit ihrer Frage die tatsächliche Situation auf den Kopf: »Hat Gott wirklich gesagt: Ihr dürft von *keinem* Baum des Gartens essen?« (Genesis/1 Mose 3,1). Sie tat also so, als habe Gott nicht nur das Essen von einem, sondern von allen Bäumen verboten. Das Raffinierte an ihrer Versuchung war also, eine einzige kleine Einschränkung derart aufzubauschen, dass in ihrem Schatten die unzähligen anderen Freiheiten verblassten. Darauf fielen Adam und Eva herein. Im Bild gesprochen: Sie »brachen das Fasten« und überschritten die einzige Einschränkung, die ihnen gesetzt war. Sie weigerten sich, die natürlichen Grenzen ihres Geschöpfseins anzunehmen und griffen nach der Vollmacht, die allein Gott zusteht, wollten also *alles* haben.

Seither lebt die gefallene Menschheit, als gebe es keine zu Recht bestehenden Grenzen. Wir beugen uns zwar vorübergehend praktischen Grenzen, aber grundsätzlich gelten Grenzen als etwas, gegen das man mit Intelligenz und Technologie so lange anrennen muss, bis es sich dem Genie des Menschen beugt und von ihm unter seine Kontrolle bringen lässt. So lässt man dem Begehren alle Zügel schießen und sieht es als von Gott gegebenes Recht an, jegliche Ressource und jedes Geschöpf auf Erden für den persönlichen Genuss und Vorteil zu nutzen, und als Ziel des menschlichen Lebens gilt, immer mehr zu erwerben und zu erleben und jeden seiner fünf Sinne mit seiner gesamten Kapazität und noch darüber hinaus zu reizen und zu befriedigen.

Ein Leben, das keine Grenzen anerkennt, kann auch nicht die Oberhoheit Gottes anerkennen. Wenn die geschaffenen Dinge zum Ziel in sich selbst geworden sind, statt Mittel der Gnade Gottes zu sein, können sie nicht länger zu echtem Leben führen. Weil unsere menschlichen Vorfahren nicht fähig waren, »ihr Fasten zu halten«, kamen Tod und Leiden in die Schöpfung.

»Lent«, die englische Bezeichnung der Fastenzeit, ist mit »Lenz« verwandt, einem alten Wort für »Frühling«. In der Frühkirche wurde die Fastenzeit tatsächlich als spiritueller Frühling betrachtet, als Zeit des Lichts und der Freude, in der sich das Leben der Seele erholen konnte. Sie bedeutete eine Rückkehr zu dem »Fasten«, das Adam und Eva gebrochen hatten, also zu einem Leben, in dem Gott wieder die Mitte und die Quelle war und man die Welt des Materiellen wieder als Mittel zur Gemeinschaft, zur Kommunion mit Gott verstand. Diese Rückkehr zum echten menschlichen Leben war durch die Menschwerdung Christi möglich geworden.

Die frühe Kirche sah in Christus die Sünde Adams widerrufen. Jesus begann nach seiner Taufe sein Erlösungswerk damit, dass er in der Wildnis ein vierzigtägiges Fasten hielt. Jede der Versuchungen Jesu – zum Selbstgenügen, zur Selbstdarstellung und zur Machtentfaltung auf Kosten der eigenen Integrität – bestand darin, dass er sich an Stelle Gottes in den Mittelpunkt stellen sollte. Aber Jesus »hielt das Fasten«. Als ihn hungerte, widerstand er der Lüge, das Leben hänge allein vom Brot ab. Er sprach sein klares Nein zur grenzenlosen, selbstbezogenen Macht. Im Gegenteil: Jesus nahm die Grenzen des Menschseins an, bis dahin, dass er zu seinem Tod als Mensch Ja sagte. So stellte er die Möglichkeit einer echten Gemeinschaft mit Gott in der Schöpfung und durch sie wieder her – durch ihn fangen auch wir an, als eine »neue Schöpfung« zu leben.

Die Übung des Fastens hat also entscheidend mit einem Verhalten zu tun, das die Grenzen annimmt, die dem Erhalt des Lebens dienen. Unsere heutige Kultur verführt uns zu dem Glauben, wir könnten ausnahmslos alles haben, alles tun und – was noch absurder ist – wir hätten ein Recht auf alles. Durch diese Weigerung, unserem Konsum und unserem Tun irgendwelche Grenzen aufzuerlegen, setzen wir eine todbringende Dynamik in der Welt frei. Aus diesem Grund ist die Übung des Fastens heute so ungemein wichtig.

Der russisch-orthodoxe Theologe Alexander Schmemann macht darauf aufmerksam, dass man, ehe man mit dem Fasten praktisch beginne, sich spirituell darauf vorbereiten müsse. Wollte man sich dazu nur auf die Sanddünen seiner eigenen Willenskraft verlassen, so könnte das allzu leicht zu Frustration und Schaden führen. Ein Fasten in spiritueller Absicht muss auf Gott konzentriert sein, was nur möglich ist, wenn man dazu Gott um Hilfe bittet. Dabei muss man tief vom Bewusstsein durchdrungen sein, dass der eigene Körper ein Tempel des Heiligen Geistes und unsere Nahrung als Gottes Gabe etwas Kostbares ist. Diese innere Vorbereitung eröffnet einem die Sicht auf die spirituelle Dimension des Fastens und stattet einen mit dem Rüstzeug aus, das man braucht, um den auftauchenden Anfechtungen und Schwierigkeiten begegnen zu können.

Nahrungsfasten – wie geht das?

Mit »Fasten« ist zunächst einmal gemeint, dass man sich ein Stück weit der Nahrung enthält. Das ist die Grundübung, von der sich dann analoge Formen der Enthaltung auf anderen Gebieten ableiten. Um die Praxis eines solchen Fastens wieder als spirituelle Übung wahrnehmen zu können, muss man genauer wissen, wie man dabei praktisch vorgeht. Kennt man die Grundprinzipien nicht, so kann das gefährlich werden, aber wenn man sich an einige einfache Richtlinien hält, entgeht man dem und kann aus dem Fasten großen Gewinn ziehen.

Es lässt sich zwischen normalem Fasten, Teilfasten und Totalfasten unterscheiden:

> Beim normalen Fasten enthält man sich von aller festen und flüssigen Nahrung und nimmt nur Wasser zu sich.
> Beim Teilfasten schränkt man seine Nahrungsmenge ein, enthält sich aber nicht ganz der Nahrung.
> Beim Totalfasten enthält man sich aller Nahrung und auch des Wassers.

Die erste Fastenregel lautet: Man fastet nicht, wenn man krank, auf Reisen oder unter ungewöhnlichem Stress steht. Falls Sie unter einer Sie schwächenden physischen Verfassung oder Krankheit leiden, fasten Sie nur unter strenger Aufsicht eines Arztes. Weil das Fasten Ihre Energiereserven aufzehrt, ist es wichtig, während des Fastens Ihre normalen Aktivitäten zu reduzieren. Bei Tätigkeiten, die einen erhöhten Energieaufwand erfordern – wie Reisen, ungewöhnlicher Stress oder schwere körperliche Arbeit –, sollte man normalerweise das Fasten unterlassen.

Außerdem rate ich Ihnen, falls Sie zum ersten Mal fasten oder lange Zeit nicht mehr gefastet haben, mit einem Teilfasten von nicht mehr als 24 Stunden anzufangen, und nicht öfter als einmal in der Woche. Eine gute Möglichkeit zum Teilfasten besteht darin, seine Nahrungszufuhr auf frische Fruchtsäfte zu beschränken.

Vielen ist es eine Hilfe, nach dem Abendessen anzufangen und bis zum Abendessen des nächsten Tages durchzuhalten, sodass sie nur zwei Mahlzeiten versäumen. Manche fasten auch lieber mit dem gleichen Prinzip von Mittagessen zu Mittagessen.

Lassen Sie Ihrem Körper mehrere Wochen Zeit, sich ans regelmäßige Fasten zu gewöhnen, bevor Sie zu intensiveren Stufen übergehen. Nach vier oder fünf Wochen werden Sie so weit sein, es mit einem Normalfasten während der gleichen 24-Stunden-Phase versuchen zu können. Dann trinken Sie nur Wasser – aber wirklich reichlich davon.

Nach mehreren Monaten der Gewöhnung an einen solchen regelmäßigen Normal-Fasttag könnten Sie zu einem 36-Stunden-Fasten übergehen, also alle drei Mahlzeiten eines bestimmten Tages ausfallen lassen. Ein geläufiger Fehler besteht darin, vor dem Fasten noch einmal ordentlich zusätzliche Kalorien »auftanken« zu wollen, und ein genauso verbreiteter Fehler ist es, danach besonders viel zu essen. Eine Fastenphase sollte immer mit einer leichten, fettarmen Mahlzeit abgeschlossen werden, gewöhnlich bestehend aus Obst und Gemüse. Je länger die Fastenzeiten waren, desto behutsamer sollte man wieder zu vollen Mahlzeiten übergehen.

Es gibt keinerlei Grund, sich beim Fasten in heroische Leistungen hineinsteigern zu wollen. Falls Sie die Versuchung dazu verspüren, überprüfen Sie sehr selbstkritisch Ihre Motive. Fangen Sie womöglich an, aus besonderen Fastenleistungen Ihren Stolz zu beziehen? Oder möchten Sie damit ständig neue persönliche Rekorde aufstellen? Oder wollen Sie Pluspunkte vor Gott sammeln? Auf diesem Gebiet ist »mehr« nicht unbedingt gleich »besser«. Vielleicht sind Sie dazu berufen, einfach der schlichten Übung eines kurzen Fastens pro Woche treu zu bleiben. Unterschätzen Sie nicht, was Gott in Ihnen vollbringen kann, wenn Sie ihm beharrlich diese bescheidene Übung widmen.

Andere Formen des Fastens:
Aussteigen aus Abhängigkeiten

Ich bin der Überzeugung: In einer vom Konsum besessenen Gesellschaft muss das Fasten vor allem von seinem inneren Antrieb her gesehen werden: das ist das Sich-Enthalten. Der Begriff des Sich-Enthaltens bezieht sich auf mehr als nur auf Alkohol und Sex. Man muss ihn in Beziehung zum Gesamten unserer Wohlstandsgesellschaft und unseres suchtähnlichen Lebensstils sehen. In unserer Gesellschaft wird hemmungslos so gut wie alles konsumiert: Nahrung, Getränke, Sex, Drogen, Autos, Kleidung, Energie, Fernseher, Computer, Videos, Klatsch, Hobbys, Ideologien, Programme, ja sogar Arbeit und Freizeit. Dieser Verbrauchermentalität können unsere persönlichsten Beziehungen zum Opfer fallen: Man genießt sie, solange sie nützlich und anregend sind, und wirft sie weg, wenn sie nicht mehr befriedigen. So ist eine Welt voller Gaben Gottes zum Arsenal von Gegenständen zur Befriedigung vorübergehender und rastloser »Bedürfnisse« verkommen.

»Der heilige Augustinus sagte einmal, Gott versuche ständig, uns seine guten Gaben zu schenken, aber wir hätten immer gerade die Hände so voll, dass wir sie nicht entgegennehmen könnten. Voll sind unsere Hände mit all dem, wonach wir süchtig sind. Und nicht nur unsere Hände, sondern auch unser Herz, unser Geist, unsere Aufmerksamkeit sind angefüllt mit dem, woran wir hängen. Unsere Süchte füllen alle Leerräume in uns aus, diese Leerräume, durch die die Gnade fließen könnte ... Die spirituelle Auswirkung der Sucht besteht nicht nur darin, dass wir durch unsere Abhängigkeit von bestimmten Dingen unfrei werden, ... sondern dass wir ständig versuchen, mit den Gegenständen unserer Sucht unsere Sehnsucht nach Gott zu stillen.« (Gerald May)

Beim Sich-Enthalten geht es nicht um die Unterdrückung alles dessen, was das Leben schön macht. Wer Genuss fürchtet oder vermeidet, gibt dem Schöpfer genauso wenig die Ehre wie Menschen, die nach Genuss süchtig sind oder nur für ihn leben. Sich-Enthalten zielt darauf ab zu lernen, Gottes Gaben *richtig* zu genießen. Wir brauchen Übungen des Sich-Enthaltens, um uns in das richtige Verhältnis zu unserem Leben einzuüben: Vieles haben wir zu Konsumobjekten erniedrigt und versuchen, damit die Leerstellen unserer Gefühle auszustopfen.

Was wir von Neuem zu lernen haben: die Dinge als köstliche Gaben zu entdecken, die in gesundem Maß und mit Dankbarkeit genossen sein wollen. Wenn wir von dem, was wir konsumieren, aufgefressen und von dem, was wir besitzen, besessen werden, gibt es nur einen Weg zurück zu einem gesunden und ausgewogenen Verhältnis zu den Dingen: unseren Gebrauch alles dessen zu zügeln, was uns im Griff hat. Im Wesentlichen geht es bei dieser Art von Selbstdisziplin darum, alles aufzugeben, was sich zwischen Gott und uns geschoben hat.

Welche Formen könnte diese Art von »Fasten« in unserem Leben annehmen? Eine Möglichkeit besteht zum Beispiel darin, sich nicht pausenlos von Medien stimulieren zu lassen. Für viele wäre es schon eine anspruchsvolle Form des Fastens, zeitweise den Fernseher und das Radio auszuschalten und dafür lieber auf die Geräusche aus der Natur oder das Schweigen zu achten.

Auf den Körper bezogen kann man sich sowohl zu wenig betätigen als auch zu viel des Guten tun und in eine Art Fitness-Manie verfallen; auch da könnten Fastenübungen ansetzen. Und

Welche **Gewohnheit**, *welches Interesse, das in sich selbst harmlos sein mag, hat die* **Macht**, *Sie* **von Gott fernzuhalten**? *Wie können Sie üben, sich zu enthalten, sodass Sie wieder den echten Wert dessen entdecken, was uns als Hilfe und Gabe gedacht ist?*

ebenso gibt es nicht nur die zwanghafte Esssucht, sondern auch das zwanghafte Diäthalten. (Essstörungen wie Magersucht und Bulimie sind echte physiologische Süchte und lassen sich nicht mit bloßer Willenskraft abstellen. Sie bedürfen entweder der professionellen Hilfe oder eines gemeinschaftlichen therapeutischen Rahmens, wie ihn etwa die Programme von Selbsthilfegruppen bieten. Der Begriff »Fasten« kann sowohl zum Verdecken wie zum Verstärken von zwanghaften Essgewohnheiten verwendet werden.) Es ist eine schwierigere Disziplin, seine Essgewohnheiten ganz langsam zu verändern und nur ein Kilo pro Woche abzunehmen, als sehr schnell sieben Kilo abzunehmen und dann wieder in seine alten Essgewohnheiten zurückzufallen. In diesem Fall und ähnlichen Fällen ist es ein wichtiger Bestandteil des Fastens, auf jenes kurzlebige Erfolgsgefühl zu verzichten, das einem eine imponierende Leistung verschafft.

Ein Gegengewicht zum Wunsch nach Selbstbestätigung könnte der Verzicht auf öffentliche Anerkennung sein: Man dürfte kaum großes Aufsehen erregen, wenn man sich anonym karitativ betätigt oder seine Berufung in aller Stille engagiert verwirklicht.

Oder wie wäre es, darin Fasten zu üben, andere zu streng zu beurteilen, ja vielleicht sogar sich selbst? Die meisten von uns bilden sich rasch ihr hartes Urteil über jemanden, den sie kaum kennen, sondern nur von seinem Aussehen her beurteilen; oft genügen einige Verhaltensweisen oder aus dem Zusammenhang gerissene Sätze, und schon ist das Urteil fertig. Noch schlimmer ist es, wenn man sich sein Urteil auf bloßes Hörensagen hin bildet. In spiritueller Hinsicht ist das eine gefährliche Angewohnheit.

Eine der schwierigsten Formen des Sich-Enthaltens dürfte heute diejenige sein, sein Tagesprogramm und auch das seiner Kinder nicht zu voll zu packen. Geben wir etwa Gott größere Ehre, wenn wir erschöpft, depressiv und kurzatmig werden und kaum mehr Energie für unsere Freunde und Familien aufbringen können, von Energie für uns selbst ganz zu schweigen?

Aus derart vielen Möglichkeiten, das Fasten in der Form des Sich-Enthaltens zu üben, gilt es nun also diejenige für uns auszuwählen, die unserem Charakter und unseren Lebensumständen am besten entspricht. Dabei lässt sich immer von der Frage ausgehen: »Worin halte ich kein gesundes Maß?« Das, worin ich das Maß überschreite, offenbart mir meine ungeordneten Wünsche, meine Zwänge und die Abhängigkeiten, die mich im Griff haben. Und genau das sind die Bereiche meines Lebens, in denen ich nicht nur meine kläglich erfolglosen Anläufe brauche, alles in den Griff zu bekommen, sondern die befreiende Kraft Christi. Fasten ist nicht in erster Linie eine Übung, durch die ich mein Leben besser in den Griff bekomme, sondern durch die Gott Zugang zu mir erhält, um mich an Körper, Geist und Seele neu auszurichten und zu heilen.

In der Bibel ist Fasten ganz eindeutig mit Buße und Umkehr verknüpft. Johannes Calvin hielt sich an die biblische Tradition und mahnte, wenn Krieg, Hungersnot, Pest oder andere Naturkatastrophen ein Land heimsuchten, »sollte das ganze Volk sich selbst anklagen und seine Sünden bekennen«. Calvins Sprache und Gottesbild mag heute merkwürdig erscheinen, aber den Aufruf zur Buße und Umkehr, ein urbiblisches Thema, sollte man doch nicht einfach beiseite wischen.

*Schauen Sie sich die verschiedenen in diesem Abschnitt vorgestellten **Formen des Fastens** genau an. Jede bietet eine Möglichkeit, dem Heiligen Geist mehr Raum für die Gestaltung Ihres Lebens zu geben. Suchen Sie sich ein Gebiet aus, auf dem Sie sich Grenzen setzen müssten. Versuchen Sie es einen Tag lang. Dann dehnen Sie das auf eine Woche aus. Werten Sie Ihre Erfahrung schriftlich aus oder besprechen Sie sie mit jemandem, der/die Ihr spirituelles Anliegen versteht und teilt.*

Leerwerden von sich selbst

Bestimmt waren nämlich Buße und Umkehr in nationalem und internationalem Maßstab noch nie dringender angesagt als heute. Wo immer man hinschaut, fallen einem die verheerenden Schäden persönlicher und sozialer Sünden ins Auge: Die Weltmächte investieren Unsummen in ihre Rüstung und manipulieren je nach ihrem politischen und wirtschaftlichen Vorteil Despoten anderer Länder, die ihr Volk bis zum Ruin ausbeuten. Uralte Hasstraditionen schüren überall auf dem Globus immer neue Kriege. Rassistische und ethnische Spannungen bedrohen den Zusammenhalt unserer Gemeinschaften. Gewalttätigkeit und Sucht schwellen allenthalben verheerend an. Familienstrukturen zerbröckeln, und Kinder werden zu Opfern und auch zu Tätern von Missbrauch daheim und in der Schule. Unser Lebensstil überlastet hoffnungslos die Ressourcen der Erde und frisst die Grundlagen auf, von denen wir mit unserem Leben abhängen.

Schon ein Bruchteil des immer noch unvollständig Aufgezählten sollte genügen, uns auf die Knie fallen zu lassen. Wäre da nicht eine Zeit der gemeinsamen Trauer und Buße angebracht? Unsere religiösen Führer könnten sicher für alle Gläubigen eine Zeit des Fastens und Betens ausrufen. Aber wenn sie nicht den Mut dazu haben, könnten wir persönlich die Anregung aufgreifen, die aufrichtige Buße zu einem Hauptmotiv unseres Fastens zu machen und fürbittend für die einzutreten, die offensichtlich kein Bedürfnis nach einer inneren Umkehr kennen.

Ein Frühjahr für die Seele

Das regelmäßige Fasten, als Nahrungsfasten oder in anderen Formen des Sich-Enthaltens, könnte sich durchaus als die effektivste Möglichkeit erweisen, gegen all die Begehrlichkeiten und Zwänge anzugehen, die uns beherrschen. Warum sonst wäre das Fasten so dringend von vielen Heiligen aller Zeiten empfohlen worden? In Verbindung mit dem Gebet ist es eine wirksame Möglichkeit, uns für die läuternde, heilende und kräftigende Gnade Gottes aufgeschlossen zu machen.

Sich-Enthalten allein macht natürlich nicht das ganze Leben als Christ aus. Es dient lediglich dazu, in uns so viel Raum zu schaffen, dass Gottes Geist unsere Talente und Energien kreativ in den Dienst der Verwirklichung des Reiches Gottes nehmen kann. Das Gegengewicht zu unserer Praxis des Sich-Enthaltens sind die Übungen des Sich-Einsetzens – dort, wo wir uns in Dienst nehmen lassen.

Sich-Enthalten durch Fasten hängt zuinnerst mit dem Sich-Einsetzen in Gebet und aktivem Dienst zusammen. Die spirituelle Dimension der Enthaltung von physischer Nahrung kann sich erst entfalten, wenn sich mit ihr die Erfahrung verbindet, die verschwenderische Liebe Gottes zu feiern und sie mit der Liebe zu anderen Menschen zu erwidern. Das Fasten bereitet uns also auf authentisches Dienen vor. Es erinnert uns daran, dass wir Menschen einander zum Leben brauchen wie das tägliche Brot, unser Leben ist als »Nahrung« für andere gedacht.

Fasten ist eine Art von innerem »Frühjahrsputz«. Das erfordert echte Mühe, aber wie befriedigend und befreiend ist es, wenn man eine Menge von unnötigem Ballast los wird! Der zuweilen schmerzliche und oft öde Prozess des Ablösens alles Falschen und Unechten in uns lässt schließlich Erlösung, Klarheit und Freiheit aufleuchten. Spirituell gesehen ist das die Wiederherstellung dessen, was in der orthodoxen Theologie als das »natürliche Leben« bezeichnet wird, nämlich nichts anderes als das Leben Christi: »Nicht mehr ich lebe, sondern Christus lebt in mir« (Galater 2,20). Es bleibt nur zu wünschen, dass wir alle dieses Frühjahr für die Seele aus ganz eigener Erfahrung immer intensiver erleben.

Praxis:
Im Fasten sich selbst begegnen – Die Übung des Fasten-Tagebuchs

Das Führen eines Fasten-Tagebuchs kann Ihnen helfen, neben der Wahrnehmung der körperlichen Reaktionen auf das Fasten seine spirituellen Dimensionen nicht zu übergehen und sich auf sie zu konzentrieren.

In einem solchen Tagebuch können Sie die Antworten auf folgende Fragen festhalten:

> Wie reagiere ich auf starke Hungergefühle? Welche Gefühle sind mit meiner Erfahrung körperlichen Leerseins verbunden? Angst, Irritation, Überdruss, Hilflosigkeit? Wie bringe ich diese Gefühle zum Ausdruck?
> Verspüre ich eine Art von innerem Läuterungsprozess, Entspannung oder Freiheit?
> Empfinde ich das Bedürfnis, die Aufmerksamkeit anderer auf das zu lenken, was ich tue?
> Habe ich das Gefühl, achtsamer auf Gottes Gegenwart zu sein? Fühle ich mich anderen in neuer Weise verbunden? Was offenbart mir Gott über meine Reaktionen?

»Das Fasten macht mich verletzlich und führt mir meine Anfälligkeit vor Augen. Es macht mir sehr deutlich, dass ich sterbe, wenn ich nicht ständig Nahrung erhalte ... Wenn ich hungrig vor Gott stehe, weiß ich plötzlich, wer ich bin. Ich bin ein armer Mensch, berufen, reich zu werden auf eine Weise, die die Welt nicht begreift. Ich bin ein leerer Mensch, berufen, erfüllt zu werden von der Fülle Gottes. Ich bin ein hungriger Mensch, berufen, all das Gute zu verkosten, das mir in Christus zuteil werden kann.« (Macrina Wiederkehr)

Die folgenden Auszüge stammen aus dem Tagebuch von Elizabeth O'Connor (*Search for Silence*, Waco 1971), die sich die spirituelle Übung auferlegte, zwei Jahre lang einmal in der Woche zu fasten. Sie führen gut die Art von Reifeprozess vor Augen, der einsetzen kann, wenn man ausgiebiger fastet, um Gott näher zu kommen. Außerdem sind sie ein gutes Beispiel dafür, wie man mithilfe eines Tagebuchs die Regungen von Geist und Herz aufzeichnen kann.

Ich empfand es als große Leistung, einen ganzen Tag ohne Essen auszuhalten. Beglückwünschte mich zur Tatsache, dass es mir so leicht vorgekommen war. Freute mich zudem darüber, abgenommen zu haben …

Ich begann zu sehen, dass Gewichtsreduktion nicht das Ziel des Fastens sein kann. Dazu half mir, dass ich anfing, ziemlichen Hunger zu spüren …

Ich begann vom Nahrungsfasten her andere Bereiche meines Lebens ins Auge zu fassen, in denen ich zwanghafter bin … Nahm mir vor, mehr dem Griff des scheinbar unbedingt Notwendigen zu entkommen … Ich brauchte ja im Bus nicht unbedingt einen Sitzplatz, um zufrieden zu sein, oder ich musste es doch im Sommer nicht immer hübsch kühl und im Winter immer schön warm haben.

Ich fühle mich weiterhin weniger der Willkür meiner eigenen Wünsche ausgeliefert – innerlich freier … Dachte mehr über Christi Leiden nach, sowie über das Leiden der Hungrigen in der Welt und ihrer hungernden Kinder …

Nach den ersten sechs Monaten meiner Fastenübung begann mir langsam aufzugehen, warum man mir eine zweijährige

Phase vorgeschlagen hatte. Im Lauf der Zeit wird die Erfahrung immer wieder anders. Mein Hunger wurde an den Fasttagen bohrender, die Versuchung, etwas zu essen, viel stärker. Zum ersten Mal verwendete ich den Tag dazu, nach Gottes Willen für mein Leben zu fragen. Begann darüber nachzudenken, was es heißt, sein Leben Gott ganz zu übergeben.

Jetzt weiß ich, dass Gebet und Fasten ganz eng zusammengehören. Es gibt keinen anderen Weg, aber bei mir ist beides noch nicht organisch miteinander verbunden.

4 Gefährten auf dem Weg –
Das Geschenk einer spirituellen Begleitung

Jeder Christ sollte versuchen,
sich von einem gebildeten Menschen beraten zu lassen …
Wer den Weg des Gebets geht,
bedarf dringend der Weiterbildung;
und je spiritueller ein Mensch ist,
desto mehr hat er sie nötig.
Teresa von Ávila

»Allmählich geht mir auf, dass Gott für mich nur in meinem Kopf wirklich ist. Ich glaube an Gott, aber ich weiß nicht, ob ich Gott jemals wirklich erfahren habe. Ich glaube, ich möchte mich ganz gern mit jemandem besprechen, der Gott aus Erfahrung kennt.« – »Meinem Leben fehlt derzeit seine Mitte. Ich glaube, ich verbringe zu viel Zeit mit Arbeit. Ich weiß, dass ich nicht genug bete; manchmal habe ich deswegen Schuldgefühle. Vielleicht könnte ich jemanden finden, der aus dem Gebet lebt und mir einen Rat geben könnte.« – »Ich bin derzeit im Umbruch. Alles, wovon ich geglaubt hatte, es sei geregelt, kommt wieder in Bewegung. Ich habe das Gefühl, dass Gott mich vielleicht auffordern will, mir etwas Neues einfallen zu lassen, aber ich bin mir nicht sicher, was. Ich wünschte mir, es gäbe jemanden, der mir helfen könnte, Gottes Willen genau herauszufinden.« – »Gott hat mir im Lauf der Jahre etliches beigebracht. Ich kenne die Kraft des Gebets aus eigener Erfahrung. Aber mit meinen spirituellen Übungen bin ich viel zu sporadisch. Ich würde mich ganz gern mit jemandem besprechen, der selbst schon auf dem Weg war, einfach, damit er mich ermutigt und ich ihm genauer Rechenschaft ablegen kann.«

Was ist »spirituelle Begleitung«?

Die voranstehenden Zitate drücken aus, was viele Menschen empfinden: Sie hätten gern einen Gefährten, mit dem sie über ihren Glauben sprechen könnten. Die Begründungen sind verschieden, aber letztlich geht es immer wieder um den Wunsch, aus persönlicher Erfahrung zu erleben, dass es Gott wirklich gibt. Dahinter mag auch das Bedürfnis stecken, einem Gott vertrauen zu können, dessen Wirklichkeit ziemlich unfassbar, ja sogar angstmachend bleibt. Oder es mag auch nur darum gehen, mit mehr Glauben und Mitgefühl in Gottes Welt leben zu wollen, oder um die Sehnsucht, ein innigeres Verhältnis zu Gott, der die Liebe ist, zu finden.

Bei der spirituellen Begleitung im klassischen Sinn handelt es sich im Wesentlichen um eine Beziehung von Lehrer und Schüler auf dem Gebiet der Praxis des spirituellen Lebens. Jede Glaubenstradition auf der Welt kennt diese Lehrer-Schüler-Beziehung. Den spirituellen Lehrern gab man unterschiedliche Namen: Prophet, Priester, Rabbi, Roshi, Guru, Älterer, Mentor … Im Allgemeinen handelt es sich um Menschen, die sichtlich über eine gewisse Reife oder einen bestimmten Grad der Bewährung auf einem bestimmten spirituellen Weg verfügen. Auch für die Lernenden gibt es unterschiedliche

Haben Sie auch schon das **Bedürfnis** *verspürt, jemanden zu haben, der Ihnen gelegentlich für Ihren spirituellen Weg* **Anleitung, Unterstützung** *oder auch eine* **kreative Herausforderung** *bieten könnte?*

Bezeichnungen: Nachfolger, Jünger, Novizen, Schüler ... Bei ihnen handelt es sich um Menschen, die innerlich reifer werden möchten, jedoch bei ihrem Versuch, allein einen spirituellen Weg zu gehen, das Gefühl haben, etwas ratlos herumzutappen und nicht recht vorwärts zu kommen.

Jesus sammelte wie die Propheten und Rabbiner vor ihm Jünger um sich und unterwies sie täglich sowohl öffentlich als auch privat. Sein Beispiel setzt den Maßstab für die spirituelle Unterweisung in der christlichen Tradition. Dabei entsteht eine ganz bestimmte Form tiefer persönlicher Beziehung. Was Jesus lehrte, bezog seine Bedeutung davon, wer er war. Er verkörperte, was er lehrte. In ihren frühen Phasen hatte seine Beziehung zu seinen Jüngern gewisse Züge einer Eltern-Kind- oder Meister-Schüler-Beziehung an sich, jedoch ohne deren autoritäre Züge. Im Lauf ihrer weiteren Entwicklung nahm sie dann immer stärker die Züge einer gegenseitigen Freundschaft an.

Der Apostel Paulus war für die »flügge« werdenden Kirchen, die er gegründet hatte, ein energischer Lehrer und Mentor. Er bezeichnete sich seiner Gemeinde in Korinth gegenüber als »euer Vater durch das Evangelium« (1 Korinther 4,15), und den Gemeinden in Galatien schrieb er, er liege wie eine Mutter »in Geburtswehen«, damit Christus in ihnen Gestalt annehme (Galater 4,19).

Zwischen dem 4. und 6. Jahrhundert strömten viele Christen in die Wüsten Ägyptens und Palästinas, um sich bei den dortigen Mönchsvätern Rat in spirituellen Fragen geben zu lassen. Diese Mönche begründeten ein für alle Mal die fest verwurzelte Tradition der »spirituellen Väter und Mütter« in der Kirche. Sie boten Anleitung, Weisheitsworte, Gleichnisse und persönliche Beispiele des christlichen Lebens und zuweilen einfach ihr Schweigen als Mittel der Begleitung. Im Lauf der Jahrhunderte danach gewährleisteten in der Kirche Priester, Mönche, Seelsorger und Ältere diese spirituelle Begleitung.

Aber im Christentum ist die spirituelle Begleitung nicht denen vorbehalten, die eine besondere Berufung oder Ausbildung dazu haben, die Tradition weiterzugeben. Grundsätzlich kann jeder, der über genügend Glaubenserfahrung verfügt, andere auf ihrem Weg begleiten und beraten. Die christliche Kirche vertraut darauf, dass der Heilige Geist innerhalb der Gemeinschaft der Gläubigen am Wirken ist. Die Gnadengaben dieses Heiligen Geistes werden allen Christen verliehen, nicht nur den Vorstehern und Priestern. Ordensgelübde und Priesterweihe oder Ordination sind keine Garantie für spirituelle Reife. Gott schenkt in seiner weisen Vorsehung unterschiedlichen Menschen ganz unterschiedliche Gaben. Manche Laien sind für die spirituelle Begleitung besser begabt als viele Geistliche. Das war schon von Anfang der Kirche an so.

Sehr wenige waren jemals wahre »Meister« des christlichen spirituellen Lebens, und diejenigen, die dem am ehesten nahekommen, würden diesen Titel nie für sich beanspruchen. Ein spiritueller Begleiter muss lediglich selbst schon ein Stück weit den Weg des Lebens als Christ gegangen sein und dabei einige Erfahrungen gesammelt haben. Er sollte die Zeichen kennen, die den richtigen Weg weisen, sowie auch die Fallen, Umwege, Prüfungen und Versuchungen, die einen darauf erwarten. Ein solcher Mensch wird, weil er selbst den Weg Christi gegangen ist, etwas von der Eigenart Christi widerspiegeln. Jemand, der keine Anzeichen von Demut, Weisheit und Mitgefühl aufweist oder nicht fähig ist, in Liebe die Wahrheit zu sagen, dürfte kaum als spiritueller Begleiter geeignet sein.

Die Aufgabe eines spirituellen Begleiters, einer spirituellen Begleiterin

Bei der spirituellen Begleitung geht es im Wesentlichen darum, dass ein Christ dem anderen hilft, »in allem zu wachsen, bis

»Was lehrt also der Mensch, der spirituell begleitet? Ganz einfach und zugleich ganz wesentlich gesagt: Wer spirituell begleitet, ist Lehrer und zugleich auch Lernender im genauen Unterscheiden. Was geschieht? Wo ist im Leben dieses Menschen Gott am Wirken? Wie sieht seine Geschichte aus? Wie fügt sich seine Geschichte in unsere gemeinsame Geschichte als Christen ein?« (Margaret Guenther)

wir ihn erreicht haben, Christus, das Haupt« (Epheser 4,15). Ein spiritueller Begleiter, eine spirituelle Begleiterin ist jemand, der uns helfen kann, unsere eigene Gotteserfahrung zu erkennen und zu benennen. Jeder von uns muss über seinen aus zweiter Hand erhaltenen Glauben hinauswachsen und persönlich erfahren, wie der Geist Gottes in seinem Leben am Wirken ist. Es geht also darum, zu lernen, die Spuren der Gnade Gottes in unserem Alltag zu erkennen und uns an sie zu halten. Zuweilen wird uns ein spiritueller Begleiter, eine spirituelle Begleiterin lehren, ermahnen oder in Festigkeit und Liebe mit dem Anspruch konfrontieren, die Verantwortung für bestimmte Einstellungen und Verhaltensweisen zu übernehmen. Allerdings verhalten sich spirituelle Begleiter oder Begleiterinnen eher als Gefährten, ermutigen und unterstützen uns, beten für uns, hören uns zu und lassen uns teilhaben an dem, was sie auf ihrem eigenen Lebensweg gelernt haben.

Spirituelle Begleiter und Begleiterinnen übernehmen ein gutes Stück Verantwortung. Im Folgenden ist aufgelistet, welche Aufgaben Menschen in spiritueller Begleitung haben.

1. *Wer uns spirituell begleitet, hört uns zu.* Wenn wir jemanden brauchen, dem wir unsere persönliche Glaubensgeschichte schildern können, dann bietet uns ein spiritueller Begleiter gastlich den Raum, in dem wir uns in Ruhe aussprechen können und er uns zuhört. Oft bekommen wir unsere Gedanken und Erfahrungen, unsere Fragen oder ungelösten Probleme selbst gar nicht richtig in den Griff. Das gelingt

uns erst, wenn wir die Möglichkeit finden, sie vor einem aufmerksamen und empfänglichen Ohr ins Wort zu bringen. Ein spiritueller Begleiter kann uns zur Klärung zuhören und uns helfen, unsere Gedanken, Gefühle, Fragen und Erfahrungen bezüglich Gott deutlich auszusprechen.

2. *Wer uns spirituell begleitet, hilft uns, bestimmte Dinge wahrzunehmen.* Im Allgemeinen kommen uns Gottes Gegenwart und das Wirken seines Heiligen Geistes nicht spontan zu Bewusstsein. Das ist subtil und unaufdringlich und oft mitten zwischen ganz gewöhnlichen Ereignissen und Begegnungen versteckt. Es bedarf einiger Übung, um die Gnade Gottes im Alltagsleben erkennen zu können. Ein spiritueller Begleiter kann uns anleiten, auf Anzeichen der Gnade zu achten und Gottes »leise Stimme« aus unseren alltäglichen Begegnungen und Erfahrungen herauszuhören. Ein Begleiter kann unsere Aufmerksamkeit ferner auch auf das richten, was in unserem Herzen vorgeht, sodass wir uns dessen bewusster werden, wie Gott darin zu uns spricht.

3. *Wer uns spirituell begleitet, hilft uns, mit größerer innerer Freiheit auf Gott einzugehen.* Wenn wir anfangen, Gottes Gegenwart, Führung, Vorsehung und auch Anspruch in unserem Alltagsleben zu erkennen, werden wir vor bestimmte Entscheidungen gestellt, die nicht immer einfach sind. Zwar sind Gottes Gegenwart und Vorsehung oft trostvoll und regen uns spontan zu Dankbarkeit und Lobpreis an, aber Gott konfrontiert uns auch mit den dunkleren Seiten unseres Lebens und mutet uns radikale Änderungen zu. Es fällt schwer, alte Gewohnheiten und Verhaltensweisen aufzugeben. Wenn Gott uns begegnet, steckt er uns neue Ziele und Aufgaben für unser Leben. Ein spiritueller Begleiter kann uns ermutigen, mit größerer innerer Freiheit auf Gottes Anspruch einzugehen.

4. *Wer uns spirituell begleitet, gibt uns ganz praktische Anweisungen dafür, wie wir spirituell wachsen können.* Ohne die Hilfe ganz bestimmter Übungen ist es schwierig, Gottes Wirken im eigenen Leben deutlicher wahrzunehmen und sich darauf aktiv einzulassen. Den meisten von uns täte es gut, sich in Gebetsweisen einführen zu lassen, die uns besser auf Gottes Gegenwart einstimmen. Oder wir könnten vielleicht Anregungen für die geistliche Lesung brauchen oder Tipps für das Tagebuchschreiben oder weitere Hinweise über die Natur der echten Demut bei der Selbstüberprüfung. Vielleicht brauchen wir auch jemanden, der Erfahrungen mit dem Fasten hat, um uns zu helfen, mit unseren eigenen Anstrengungen auf diesem Gebiet weiterzukommen. Ein spiritueller Gefährte kann uns verschiedene Übungen vorschlagen, die für uns geeignet sein könnten, und uns dann bei der Entscheidung helfen, wann welche angemessen erscheint. Ein Begleiter kann uns auch dadurch helfen, dass wir ihm immer wieder Rechenschaft über die Übungen geben, zu denen wir uns entschlossen haben.

5. *Wer uns spirituell begleitet, ist uns zugetan und betet für uns.* Das dürfte die wichtigste Funktion eines Gefährten im christlichen Glauben sein. Das Wohlwollen des spirituellen Begleiters für den Menschen, den er begleitet, vermittelt diesem das Wohlwollen und die Liebe Christi, eine Liebe im Sinn der Agape, der selbstlos schenkenden Liebe. Dieses Wohlwollen äußert sich darin, dass man nicht nur füreinander betet, wenn man zusammenkommt, sondern auch darüber hinaus immer wieder. Wo diese Dimension lebendig ist, kann die Gnade Gottes manche Unzulänglichkeit des Begleiters ausgleichen. Wo sie ganz fehlt, bringt selbst die genialste Technik nicht viel zustande.

Es gibt eine ganze Reihe von Formen der spirituellen Begleitung, ziemlich formelle und auch ganz offene. Zu der Zeit, als
Neulinge zu den Wüstenvätern und -müttern hinausgingen, um
sich von ihnen ins christliche Leben einführen zu lassen, ent-
standen zuweilen Beziehungen absoluten Gehorsams zwischen
spirituellem Vater und Schüler. Der spirituelle Vater, die geistliche Mutter verfügte über eine Autorität, über der nur noch
diejenige der Heiligen Schrift stand. Aber diese Autorität gründete in der Echtheit des spirituellen Lebens des Älteren; sie war
in den Rahmen des grundsätzlichen Wohlwollens füreinander
eingespannt und wurde dem Älteren durch den Novizen verliehen, der auch jederzeit wieder gehen konnte. Oft verfügten die
Älteren über die Gabe, im Herzen der Jüngeren zu lesen und
konnten aufgrund ihrer Unterscheidungsgabe ganz persönliche, einmalige Weisungsworte sprechen. Diese Form der spirituellen Begleitung ist in der heutigen Welt eine Seltenheit.

Heute wählt sich der Suchende meistens einen Erfahrene-
ren als geistlichen Begleiter und lässt sich dabei vom Vertrauen
leiten, dass dieser mit ihm zusammen auf die Gegenwart und
die Anregungen des Heiligen Geistes achtet, statt ihm nur
seine persönlichen Lebensweisheiten weiterzugeben. Es geht
also um einen gemeinsamen Gehorsam gegenüber dem Heiligen Geist, wobei der Begleiter den Anfänger zur Achtsamkeit
auf dessen Anregungen anregt und Kriterien kennt, wie man
echte von falschen Anregungen unterscheidet.

Es gibt auch die Möglichkeit, dass zwei Menschen, die beide
eher Fortgeschrittene sind und auf Gottes Zeichen zu achten
vermögen, sich gegenseitig beratend begleiten. Beim einen
Treffen übernimmt der eine die Rolle des Begleiters für den
anderen, beim nächsten Treffen werden die Rollen vertauscht.
Sind sie längere Zeit zusammen, können sie auch während ein

und desselben Treffens mehrmals die Rollen tauschen. Diese Form der Gegenseitigkeit bringt gut das »gemeinsame Priestertum aller Gläubigen« zum Ausdruck. Aber sie dürfte solche nicht befriedigen, die jemanden suchen, den sie für weiter fortgeschritten auf dem spirituellen Weg halten.

Schließlich gibt es auch ganz informelle Arten spiritueller Begleitung, die ausdrücklich auf Gegenseitigkeit beruhen und nicht professionell sind. Manche bezeichnen das gern als »spirituelle Freundschaft«. Viele von uns kennen wahrscheinlich bereits solche Beziehungen, ohne sie bisher als Formen spiritueller Begleitung angesehen zu haben. Alle, die regelmäßig miteinander beten, sind aber im Grund »spirituelle Freunde«. Oft lassen sich solche Möglichkeiten zur spirituellen Freundschaft in kleinen Gebetsgruppen in Kirchengemeinden finden. Oder man hat einfach einen Freund oder eine Freundin, mit denen man gern über Glaubensfragen spricht, oder jemanden, an den man sich in Zeiten von Unklarheit und Zweifeln um Trost und Halt wenden kann.

Das alles kann sich wie von allein ergeben und ist ein wunderschönes Geschenk; aber es kann auch sein, dass man gezielter eine spirituelle Freundschaft sucht. Eventuell kann man eine bereits bestehende Freundschaft dazu entwickeln, indem man vereinbart, sich regelmäßig zum spirituellen Austausch und Gebet zu treffen. Vielleicht kennen Sie jemanden, dem Sie das gern vorschlagen möchten. Grundsätzlich geht es dabei um den Entschluss, den christlichen Glaubensweg gemeinsam zu gehen.

Erste Schritte zur spirituellen Begleitung

Wenn Sie meinen, es wäre für Sie hilfreich, einen spirituellen Weggefährten zu haben, besteht der erste Schritt darin, dass Sie bei sich selbst genauer klären, warum Sie eine solche

Beziehung eingehen wollen. Was erhoffen Sie sich von diesem Miteinander? Ich entsinne mich meiner ersten Erfahrung mit der spirituellen Begleitung aus meiner Seminarzeit. Ich hatte von römisch-katholischen Freunden von dieser Praxis gehört, und da ich mich für das spirituelle Leben interessierte, dachte ich, ich sollte es damit versuchen. Die Ordensschwester, an die ich mich wandte, war eine einfühlsame und erfahrene Begleiterin, aber ich hatte gar keine rechten Vorstellungen davon, was ich von der Begleitung überhaupt wollte. Da ich keinerlei konkrete Themen oder Fragen fand, die mich hätten Rat suchen lassen, sondern aus bloßer Neugier zu der Schwester gegangen war, hatte ich von unseren Aussprachen nicht viel und gab sie nach drei oder vier Malen wieder auf. Erst zwei Jahre danach war ich für die geistliche Begleitung reif.

Wenn Sie sich darüber im Klaren sind, aus welchen Gründen Sie einen spirituellen Mentor aufsuchen möchten, dann beschäftigen Sie sich mit der Frage, mit welcher Art von Mensch Sie am liebsten zusammenarbeiten möchten. Macht es Ihnen etwas aus, ob es sich um einen Mann oder eine Frau handelt? Suchen Sie jemanden, der beziehungsweise die älter ist als Sie? Ist es wichtig, dass die betreffende Person Ihrer eigenen Glaubenstradition oder Konfession angehört? Wie weit wären Sie bereit zu reisen, um sich mit diesem Menschen zu treffen? Und am wichtigsten: Welche persönlichen Qualitäten würden sie von ihm erwarten?

Nehmen Sie sich fünf Minuten Zeit, um zu überlegen, über welche Qualitäten und Charakterzüge der Mensch verfügen sollte, den Sie sich zum spirituellen Begleiter wählen würden. Schreiben Sie sie auf.

Die folgenden persönlichen Qualitäten sind für mich die Hauptkriterien für Menschen geworden, an die ich mich um spirituelle Begleitung wenden würde. Ich möchte sie Ihnen als allgemeine Richtlinien vorstellen:

1. *Suchen Sie einen Christen mit einem einigermaßen reifen Glauben.* Mein spiritueller Mentor sollte über eine breitgefächerte Lebens- und Glaubenserfahrung verfügen; er sollte im Gebetsleben reiche praktische Erfahrung haben; mit der Heiligen Schrift und einigen spirituellen Klassikern gut vertraut sein; sich in den Wegen des menschlichen Herzens gut auskennen; und einen sicheren Blick für das Erkennen von »Gottes Fußspuren« haben.

2. *Suchen Sie sich jemanden, der weiß, dass er nicht vollkommen ist.* Ich möchte jemanden haben, der aus eigener Erfahrung das menschliche Leiden und Schwachsein kennt; der oder die ehrlich zu den eigenen Grenzen steht und sich nicht scheut, verletzlich zu sein. Demut sowie Mitgefühl mit den Schwächen anderer sollten in ihrem beziehungsweise seinem Leben eine wichtige Rolle spielen. Ich möchte einen Begleiter, dessen Glaubensstärke sich eher durch Flexibilität als durch Starrheit auszeichnet und dessen Weisheit praktisch und mit Humor gewürzt ist.

3. *Suchen Sie sich jemanden, der Geduld aufbringt und ein aufmerksamer Zuhörer ist.* Ich brauche einen Begleiter, den nichts aus der Ruhe bringt, der sich alle Arten von Gefühlen anhören kann und ohne zu verurteilen weiß, zu welchen Verhaltensweisen der Mensch in seiner Schwäche alles fähig ist. Ich möchte einen Begleiter haben, der genauso gut auf Gott wie auf mich hören kann und bei unseren Treffen aufmerksam darauf achtet, was uns der Heilige Geist eventuell sagen möchte.

4. *Suchen Sie jemanden, der Vertrauen einflößt.* Ich möchte jemanden haben, der Verschwiegenheit wahrt, sodass ich frei sprechen kann. Ich muss bei meinem spirituellen Gefährten auch darauf vertrauen können, dass er mir offen und ehrlich sagt, wie es um mich steht oder ob ich vor etwas kneife, dem ich mich stellen müsste.

5. *Suchen Sie sich jemanden, der in erster Linie auf das Wirken der Gnade Gottes vertraut.* Bei jeder Aussprache über das spirituelle Leben ist der eigentliche Ratgeber Gott. Ich erwarte nicht in erster Linie professionelle Kompetenz oder ein vom Wirken des Heiligen Geistes unabhängiges Vertrauen in die eigenen Fähigkeiten. Ich suche jemanden, der bereit ist, sich mit mir gemeinsam als Sünder, dem Vergebung zuteil wird, vor Gott zu stellen. Ich möchte, dass die Zuneigung und das Gebet dieses Menschen in Christus verwurzelt sind.

Haben Sie sich über die Art Mensch, die Sie sich als spirituellen Begleiter suchen wollen, Klarheit verschafft, so sollten Sie sich zuerst einmal dem Gebet zuwenden. Bitten Sie Gott, Ihnen den Menschen zu zeigen, der sich für die Zusammenarbeit mit Ihnen eignen würde. Auch wenn Sie bereits an jemanden Bestimmtes denken, beten Sie um Klarheit und Bestätigung. Haben Sie noch überhaupt keine Ahnung, wer Ihr spiritueller Begleiter werden könnte, bitten Sie Gott, Ihnen jemanden zu schicken, da Sie innerlich dafür bereit seien. Vielleicht wird Ihnen während des Gebets ein Name, Bild oder Hinweis eingegeben. Der Heilige Geist kann Ihnen auch auf dem Weg über einen anderen Menschen, der Ihnen jemanden vorschlägt, einen Wink geben. Fragen Sie Menschen Ihres Vertrauens um Rat.

Lassen Sie sich die Menschen durch den Kopf gehen, die Sie bereits kennen. Gibt es darunter jemanden, der Ihr Vertrauen genießt und den Sie sich vorstellen könnten? Wenn ja, stellen Sie ihn in vollkommener Offenheit und Erwartung im Gebet vor Gott. Achten Sie genau darauf, welche Empfindung Sie während des Gebets diesem Menschen gegenüber haben und welche Gefühle sich bei Ihnen einstellen. Wenn Ihnen bei der Vorstellung, jemanden in Ihrem Bekanntenkreis daraufhin anzusprechen, unbehaglich zumute wird oder Sie das unmöglich finden, greifen Sie auf Ihren Verstand zurück und überlegen Sie das nüchtern. Vielleicht steht Ihnen jemand zu nahe, um objektiv mit Ihnen umgehen zu können. Oder Sie schätzen Ihre Beziehung genau in der Art, wie sie bis jetzt ist. Vielleicht handelt es sich um eine berufliche Beziehung, bei der persönlichere Eröffnungen unangenehm oder unangebracht wären. Vielleicht ist der betreffende Mensch zu stark beschäftigt oder wohnt zu weit fort.

Wenn Sie Gott eine Bitte in dieser Richtung vortragen, so machen Sie sich auf etwas Unerwartetes gefasst. Es kann sein, dass Sie zu jemandem ganz Unbekannten hingeführt werden, oder zu jemandem, der ganz anders ist als Sie. Oder es kann auch sein, dass der oder die Betreffende sich überhaupt nicht für geeignet hält, Sie spirituell zu begleiten. Steht jemand, den Sie daraufhin ansprechen, Ihrer Bitte zunächst eher skeptisch gegenüber, weil er oder sie sich dieser Aufgabe nicht gewachsen fühlt, dann geben Sie nicht gleich auf. Menschen mit besonderen spirituellen Fähigkeiten sind gewöhnlich bescheiden und unauffällig und leben recht deutlich aus dem Bewusstsein, selbst immer wieder ringen zu müssen und Fehler zu machen. Sie erschrecken vielleicht geradezu, wenn man sie fragt, ob sie einem als spiritueller Mentor zur Verfügung stehen könnten. Doch dieses Gefühl, dafür gar nicht geeignet zu sein, ist vielleicht gerade eines der echten Kennzeichen eines spirituell kompetenten Menschen. Sie können den Betreffenden auf jeden Fall bitten, Ihre Anfrage im Gebet vor Gott zu überdenken und nicht grundsätzlich für die Möglichkeit verschlossen zu sein, dass Gottes Geist Sie zusammenführe.

Wichtig ist, dass Sie selbst das Gefühl haben, der Mensch, den Sie auf die spirituelle Begleitung hin ansprechen, sei der »Richtige«. Erhalten Sie eine Zusage, so vereinbaren Sie ein erstes Treffen, um sich genauer über das zu besprechen, was möglich sein könnte. Sprechen Sie über Ihren Wunsch nach Weggemeinschaft und Anleitung für Ihren Glaubensweg. Erläutern Sie, warum Sie gerade zum jetzigen Zeitpunkt diese Begleitung suchen. Legen Sie Ihre Hoffnungen und Erwartungen an eine spirituelle Begleitung dar. Wenn der oder die Betreffende sich einverstanden erklärt, mit Ihnen zusammenzuarbeiten, so vereinbaren Sie eine begrenzte Anzahl von Treffen (zum Beispiel über einen Zeitraum von drei Monaten), während derer Sie Ihr Miteinander beginnen und erproben. In dieser Zeit können Sie sich gegenseitig besser kennenlernen und um Zeichen der Bestätigung dafür beten, dass dies im Sinne Gottes sei und Sie sich weiterhin gemeinsam auf den Weg machen können.

Praxis:
Das Treffen mit dem spirituellen Begleiter

Wenn Sie sich zum ersten Mal mit Ihrem spirituellen Begleiter, Ihrer spirituellen Begleiterin zusammensetzen, müssen mehrere Punkte geklärt werden. Auf welche Art von Beziehung wollen Sie sich miteinander einlassen? Wie oft wollen Sie sich treffen, und wie lange sollen die Aussprachen sein? Wie wollen Sie Ihre Begegnungen strukturieren? In welcher Form wollen Sie eine regelmäßige Auswertung Ihres Austauschs vorsehen?

1. Das Erste, was Sie klären müssen, sind Ihrer beider Hoffnungen und Erwartungen. Was möchte jeder von Ihnen in dieser Beziehung empfangen oder geben? Worin sieht jeder von Ihnen den Gegenstand oder das Ziel Ihrer Aussprachen? Wie soll der Stil der spirituellen Beratung aussehen? Wird es eindeutig darum gehen, dass Sie in eine lebendigere Beziehung zu Gott kommen, oder geht es eher darum, gemeinsam Gott näher zu kommen?

Gefährten auf dem Weg

2. Einigen Sie sich grundsätzlich auf die Häufigkeit und den Zeitrahmen Ihrer Treffen. Wollen Sie sich alle vierzehn Tage treffen oder eher monatlich? Berücksichtigen Sie dabei Ihren Terminkalender, vor allem, wenn Sie beide oft auf Reisen sind. Spirituelle Begleitung bleibt ziemlich unfruchtbar, wenn sie nicht ernsthaft und konsequent stattfindet. Sie muss zuweilen vor anderen Dingen den Vorrang haben.

3. Überlegen Sie, wie lange die Treffen dauern sollen. Falls Sie sich alle ein oder zwei Wochen treffen, könnte eine Dreiviertelstunde genügen. Bei monatlichen Treffen wird das Minimum wohl eine bis anderthalb Stunden betragen müssen. Ich kenne spirituelle Weggefährten, die weit entfernt voneinander wohnen und sich nur wenige Male pro Jahr treffen. Dann aber verbringen sie immer jeweils mehrere Tage miteinander, und in der übrigen Zeit bleiben sie über regelmäßige Briefe und Telefonate in Kontakt.

4. Treffen Sie eine Entscheidung, wie Sie die Zeit der Treffen selbst nutzen. Machen Sie sich klar, welches Anliegen Sie haben, damit Sie nicht unnötig Zeit verschwenden, die Sie für das Sprechen darüber nutzen könnten. Sie könnten zum Beispiel vereinbaren, immer ungefähr fünf Minuten dem *Small Talk* einzuräumen (Wetter, Verkehr, Neuigkeiten), als Übergang von den unmittelbaren Tageserfahrungen zum Thema. Hilfreich ist es, der spirituellen Aussprache einige Minuten des Schweigens vorausgehen zu lassen. Das gestattet es Ihnen beiden, »zu sich zu kommen«, das oberflächliche Geratter im Kopf verklingen zu lassen und sich auf die Wirklichkeit der Gegenwart Gottes einzulassen. Man kann diese Schweigezeit mit einem einfachen Gebet abschließen, das einer von Ihnen spricht, oder Sie sprechen beide hintereinander ein Gebet.

5. Sodann sollten Sie als der- beziehungsweise diejenige, die spirituelle Unterweisung sucht, Ihre Erfahrungen, Über-

legungen und Fragen vorstellen. Ihr Begleiter, Ihre Begleiterin kann dazu selbst seine Fragen, Einsichten, Geschichten, Anregungen oder Erfahrungen einbringen. Sie könnten die Sitzung wiederum mit einem Gebet abschließen. Falls Sie das Anfangsgebet gesprochen haben, könnte Ihr Begleiter, Ihre Begleiterin das Schlussgebet sprechen oder umgekehrt. Oder Sie können auch wieder beide ein Gebet sprechen.

6. Vereinbaren Sie schließlich, wie oft Sie sich treffen wollen, bevor Sie zum ersten Mal Ihre Beziehung überprüfen und auswerten. Ich empfehle wenigstens sechs Treffen, um einigermaßen gerecht beurteilen zu können, wie gut man zusammenarbeiten kann. Beim letzten dieser Treffen bietet sich dann die Gelegenheit, ganz offen zu besprechen, wie Sie Ihr Miteinander erfahren und ob es Ihren Zielen und Erwartungen entspricht. Ist das der Fall, so können Sie eine weitere Phase für regelmäßige Treffen vereinbaren. Falls nicht, können Sie entscheiden, ob Sie Ihre Erwartungen korrigieren und Ihre gemeinsamen Zeiten neu strukturieren oder ob Sie die Beziehung aufgeben wollen.

7. Von Anfang an sollte es klar sein, dass beide Seiten in aller Freiheit die Abmachung aufkündigen können, falls Sie sich miteinander schwertun oder irgendetwas an der Geschichte ungesund für einen von beiden ist.

Alle diese anfänglichen Entscheidungen über Struktur und Format Ihrer Treffen können sich im Lauf der Zeit ändern, wenn sich Ihre Beziehung zueinander verändert. Es kann auch sein, dass Sie verschiedene Möglichkeiten ausprobieren müssen, bis Sie die Form finden, die für Sie beide am fruchtbarsten ist. Manche Menschen brauchen bei der spirituellen Begleitung flexiblere und kreativere Formen des Austauschs als andere.

Vielen von uns ist die Erfahrung fremd, offen mit jemandem über Gott sprechen zu können. Manche sind in Familien aufgewachsen, in denen der Glaube wie Sex ein Thema war, über das man nicht sprach, also etwas rein Privates, das niemanden etwas angeht. Bei anderen war Religion ein heikles Thema oder auch überhaupt keines, weil sie als »Kindermärchen« abgetan wurde. Wieder andere sind vielleicht in einer Kirche aufgewachsen, die ihnen bestimmte Lehren streng vorschrieb, und sie fanden nie den Mut, auf diesem Gebiet ihre eigentlichen Fragen zu stellen, aus Angst, ausgelacht, von oben herab belehrt oder abgelehnt zu werden. Oder manchen kam Gott einfach als etwas derart Ehrfurcht Gebietendes vor, dass sie keine Worte fanden, um über dieses Geheimnis zu sprechen.

Ein spiritueller Weggefährte ist jemand, bei dem beziehungsweise der man sich in aller Freiheit und voller Vertrauen über Gott und die Rolle, die er im eigenen Leben spielt, aussprechen kann. Was glaube ich tatsächlich über Gott? Was bedeutet mir Gott? Wie ist Gott in meinem Leben anscheinend am Werk? Was hat Gott mit meiner Familie, meiner Arbeit, meinem Leben in der Welt zu tun? Wie kann ich mir der Gegenwart und des Wirkens Gottes in meinem Alltagsleben bewusster werden? Inwiefern wartet er auf eine Antwort von mir? Das sind einige der Fragen und Themen, von denen man erwarten kann, dass sie im Lauf einer spirituellen Begleitung erörtert werden.

Zuweilen haben wir unsere klaren Vorstellungen über Gott und sein Wirken in unserem Leben. Aber wir können auch in einen wichtigen Umbruch oder eine Krise geraten, und dann ist es gut, wenn wir uns nach spiritueller Begleitung umsehen. Dann tut es gut, sich über bestimmte Ereignisse und

Beziehungen auszusprechen und gemeinsam mit jemand anderem zu überlegen, wie weit darin Gott eine Rolle spielt.

Spirituelle Begleitung ist etwas anderes als psychologische Beratung. Bei psychologischen Aussprachen konzentriert man sich vorwiegend auf das Bild, das man von sich selbst hat, sowie auf bestimmte Beziehungen oder berufliche Probleme, und es geht vorwiegend um Problemlösungen. Bei der spirituellen Begleitung dagegen steht immer Gott im Mittelpunkt. Dabei ist das zentrale Thema Ihre Beziehung zu Gott, ganz gleich, womit Sie sich sonst noch in Ihrem Leben auseinandersetzen müssen.

Spirituelle Begleitung – ein Beziehungsgeschehen

Wenn für Sie die spirituelle Begleitung noch etwas ganz Neues ist, machen Sie sich darauf gefasst, dass Sie dabei etliche der gleichen Höhen und Tiefen erleben, wie sie jede engere Beziehung mit sich bringt. Schließlich befassen Sie sich gemeinsam mit dem Sie begleitenden Menschen mit der intimsten und geheimnisvollsten Ihrer Beziehungen, nämlich derjenigen zu Gott. Da kann es zu Pannen in der Beziehung zu Gott kommen oder auch zu dem Menschen, der Sie spirituell begleitet, oder auch zu beidem auf einmal!

Gelegentlich werden Sie wahrscheinlich mit Ihrem spirituellen Mentor unzufrieden sein oder nicht mehr recht wissen, was er oder sie eigentlich will. Vielleicht bekommen Sie das Gefühl, sie oder er biete ihnen zu wenig Führung oder sei zu bestimmend. Solche Eindrücke sollten Sie offen zur Sprache bringen. Es könnte ja gute Gründe für den Ansatz Ihres Begleiters geben, mit dem Sie Ihre Schwierigkeiten haben. Er könnte es zum Beispiel darauf anlegen, dass Sie etwas selbst entdecken, statt dass er es Ihnen sagt, oder umgekehrt könnte er der Überzeugung sein, Sie bräuchten in bestimmten Punkten klare Vorgaben, damit Sie über bestimmte Schwachpunkte Ihres Charakters hinwegkommen, die Sie daran hindern, ganz offen auf Gott einzugehen. Oder Ihr Mentor braucht tatsächlich von Ihnen einige klärende Hinweise, damit er Ihnen besser helfen kann. Wenn Sie das in Ruhe miteinander besprechen, kann Ihr Unbehagen zum Bestandteil Ihres Lernprozesses werden.

Gelegentlich können negative Gefühle gegenüber dem spirituellen Begleiter in Wirklichkeit Gefühle der Angst, Unsicherheit oder des Ärgers gegenüber Gott sein, die man lediglich auf den Begleiter verlagert hat. Es ist gar nicht so einfach, in eine tiefere Beziehung zu Gott hineinzuwachsen, denn vieles in uns sperrt sich gegen die Veränderungen, die Gott in unserem Leben bewirken will. Flannery O'Connor hat bemerkt: »Der Mensch leistet von Natur aus der Gnade energisch Widerstand, denn die Gnade will ihn verändern, und jede Veränderung tut weh.«

Zuweilen kommen bei der spirituellen Begleitung auch Konflikte zwischen den Charakteren der beiden Gesprächspartner ins Spiel. Werden diese erkannt und geht man konstruktiv auf sie ein, können sie zum Bestandteil jenes spirituellen Wachstums werden, das Gott im Lauf eines solchen Miteinanders bewirkt. Jemand mit einem etwas anderen Charakter als wir selbst kann uns Perspektiven eröffnen, die wir selbst nie

»Anfänger bedürfen der Beratung, um herauszufinden, was ihnen am besten hilft. Zu diesem Zweck ist ein spiritueller Begleiter dringend notwendig; aber nur ein wirklich erfahrener Begleiter kann die Gewähr bieten, viele Fehler zu vermeiden, und nur bei ihm ist man sicher, dass er nicht Seelen führt, ohne sie zu verstehen, oder dass er nicht verhindert, dass sie sich selbst verstehen lernen.« (Nach Teresa von Ávila)

sehen würden. Menschen mit ganz entgegengesetzten Charakterzügen ergänzen einander oft wunderbar, weil jeder den anderen auf neue Sichtweisen bringt.

Es kann vorkommen, dass Ihr spiritueller Begleiter, Ihre spirituelle Begleiterin für Ihren ganz eigenen Weg grundsätzlich nicht genügend Verständnis aufbringen und Ihnen deshalb keine große Hilfe sein kann. Wenn Sie das Gefühl bekommen, jemand wolle Sie einen Weg führen, der Ihnen gar nicht liegt, und wenn das offene Gespräch darüber zu keiner Klärung führt, dann sollten Sie diese Beziehung lieber aufgeben.

Es gibt in allen Beziehungen bestimmte Phasen; man könnte sie mit den Jahreszeiten vergleichen. Manche sind vielleicht ganz kurz und intensiv, aber fruchtbar. Andere ziehen sich sehr lange hin, und es ist nur ganz allmählich eine Entwicklung und Veränderung zu merken. Zudem kann man auch in der besten spirituellen Weggemeinschaft schließlich an den Punkt kommen, an dem der Gefährte oder die Gefährtin alles eingebracht hat, was er beziehungsweise sie einbringen konnte. Dann ist es an der Zeit, diese besondere Beziehung zu beenden; vielleicht lässt sie sich ja in Form einer anders gearteten Freundschaft weiterführen.

Schließlich ist es noch wichtig, auf die sexuelle Dimension der spirituellen Begleitung zu sprechen zu kommen. Vor allem in Beziehungen zwischen Mann und Frau besteht immer die Möglichkeit, dass die natürliche sexuelle Anziehungskraft zum direkten Wunsch nach sexueller Beziehung wird. Wenn Sie merken, dass diese Dynamik einsetzt, müssen Sie das unbedingt zur Sprache bringen. Lässt sich diese Dynamik durch die offene Aussprache nicht beheben, so beenden Sie die Beziehung. Es gibt absolut keine Umstände, unter denen es angemessen wäre, dass im Rahmen einer spirituellen Begleitung sexuelle Beziehungen einen Platz hätten.

Die ersten Monate einer neuen Beziehung sind die beste Zeit dafür, sie zu erproben. Sie müssen sicher sein, dass Sie sich mit Ihrem Mentor wohl fühlen. Wäre das nicht der Fall, dann würden Sie Hemmungen empfinden, mit ihm die tiefer gehenden Fragen und Sorgen bezüglich Ihres Lebens mit Gott zu besprechen. Achten Sie sorgfältig darauf, welchen Grad Ihr Vertrauen erreicht. Wird es im Lauf der ersten Aussprachen rasch tiefer, oder lässt Sie ein bestimmtes Gefühl lieber noch zurückhaltend sein? Unterschwellige Vorbehalte sind wichtige Signale. Widerstehen Sie der Versuchung, sie zu übergehen, und untersuchen Sie jeden Vorbehalt im Licht der Vernunft. Gibt es irgendeinen Zug an dem betreffenden Menschen, der Sie stört? Achten Sie auf Ihr intuitives Gespür. Gefühle »aus dem Bauch heraus« können uns oft lange vor unserer bewussten Wahrnehmung auf bestimmte Problembereiche aufmerksam machen.

Die folgenden Fragen können Ihnen eventuell helfen, Ihre Beziehung zu Ihrem spirituellen Begleiter oder Ihrer spirituellen Begleiterin richtig einzuschätzen:

> Hilft mir diese Beziehung dabei, in meinem Verständnis Gottes und meiner Beziehung zu ihm weiterzuwachsen? Hilft sie mir, mein Leben und meinen Glauben besser in Einklang miteinander zu bringen?

> Bin ich, wenn ich mit meinem spirituellen Begleiter zusammen bin, hauptsächlich mit meiner Beziehung zu Gott und den spirituellen Aspekten meiner übrigen Beziehungen beschäftigt? (Wenn Sie hauptsächlich mit Ihrem Begleiter beschäftigt sind, stimmt etwas nicht.)

> Habe ich mit meinem Begleiter ein vorbehaltlos gutes Gefühl? Besteht meinem Empfinden nach die Aussicht, immer offener mit ihm sprechen zu können, oder stört mich etwas?

Verlassen Sie sich auf Ihr gesundes Gespür, wenn Sie die ethischen Qualitäten eines anderen Menschen einschätzen. Eine Hilfe kann es sein, wenn der spirituelle Begleiter oder die Begleiterin, auf die Sie sich einlassen wollen, Ihnen von jemandem bestens empfohlen wurde, den Sie kennen und dem Sie vertrauen.

Der Wert der spirituellen Begleitung

Es kann Zeiten in Ihrem Leben geben, in denen eine spirituelle Begleitung für Sie von unschätzbarem Wert ist, und Zeiten, in denen Sie eine solche Beziehung nicht brauchen. Zeitweise liefert die allgemeine Lehre und Verkündigung der Kirche alles, was einen persönlich weiterbringt. Oder man findet die Anleitung, die einem gerade hilfreich ist, in einem Buch. Schon vor etlichen Jahrhunderten vertrat Teresa von Ávila die Ansicht, wer keinen lebendigen Christen finde, der ihn begleite, könne sich auch auf gute spirituelle Bücher verlassen. Die alten wie neuen Autoren der spirituellen Klassiker sind oft ausgezeichnete Führer.

Auch Kleingruppen in der Kirche – Bibelkreise, Gebetskreise, Meditationsgruppen – können uns auf unserem spirituellen Weg anleiten und unterstützen. Viele Menschen finden leichter zu kleinen Gruppen Zugang als zur Einzelbegleitung, weshalb sich der Versuch empfiehlt, sich einer Kleingruppe anzuschließen. Eine solche kann einen ausgezeichnet in seinem Glaubensleben anleiten und stärken.

Aber zugleich bleibt es bei dem, was in den zu Anfang dieses Kapitels zitierten Äußerungen gesagt wurde: Es gibt Zeiten, in denen wir dringend eines anderen Menschen bedürfen, der uns konzentriert seine Zeit und Aufmerksamkeit widmet. Wir brauchen vielleicht jemanden mit größerer Erfahrung

Gefährten auf dem Weg

oder einfach einen Menschen, der von außen her und deshalb objektiver auf die Fragen eingehen kann, mit denen wir uns herumschlagen. Die Frucht einer derartigen Glaubensgemeinschaft kann gewaltig sein. Es kann sein, dass man dann Gottes Gnade im eigenen Leben viel deutlicher benennen und seine eigenen Glaubenserfahrungen viel tiefer erfassen kann. Man kann auf neue Möglichkeiten des Gebets und auf neue Formen, sein Leben in den Dienst Gottes zu stellen, gebracht werden. Man kann erleben, wie man auch dann, wenn man seine tiefsten Nöte und Empfindlichkeiten bekennt, persönlich bestätigt und geliebt wird. Man wird von einem leibhaftigen Menschen in seiner Glaubenspraxis unterstützt und auf hilfreiche Weise zur Rechenschaft gezogen.

Die spirituelle Weggemeinschaft im Leben als Christ ist eine kostbare Gnade. Es ist nicht vorgesehen, dass wir unseren Weg völlig allein gehen. Allerdings kann einen der Versuch, Gott treu zu bleiben, zuweilen sehr einsam machen und auf eine schwere Probe stellen. Aber grundsätzlich brauchen wir einander. Wir wachsen am besten in der Gemeinschaft. Der heilige Johannes vom Kreuz brachte das schon vor über vier Jahrhunderten auf den prägnanten Satz: »Gott hat es so eingerichtet, dass wir im Glauben nur dank der Hilfe anderer schwacher Menschen erstarken.«

5 Einübung in ein bewusstes Leben – Ihre persönliche spirituelle Lebensregel

Sobald man im Leben und im Glauben Fortschritte macht,
weitet sich das Herz,
und man geht den Weg der Gebote Gottes
in unsagbarer Freude der Liebe.
Wir wollen uns also nie der Leitung
dieses Meisters entziehen ...
und in Geduld am Leiden Christi teilnehmen,
damit wir auch verdienen,
Anteil zu haben an der Herrlichkeit seines Reiches.
Regel des heiligen Benedikt

Warum eine persönliche Lebensregel?

Manche Pflanzenarten brauchen einen festen Halt, um richtig wachsen zu können. Tomaten brauchen Stangen, und Bohnen müssen sich um gespannte Schnüre oder Drähte winden können. Kletterpflanzen wie Klematis und Glyzinien ranken sich an allem hoch, was sie finden können. Kletterrosen bevorzugen Gartenmauern, Torbögen und Spaliere. Ohne die Möglichkeit zu einem festen Halt würden diese Pflanzen zu einem Haufen auf dem Boden zusammenfallen. Ihre Blüten hätten nicht den Raum und das Sonnenlicht, das sie zum Blühen brauchen, und ihre Früchte würden beim Kontakt mit dem Boden faulen. So könnten wir ihre Schönheit und schmackhaften Früchte gar nicht genießen.

Auf dem Gebiet des spirituellen Wachsens und Reifens sind wir Menschen ganz ähnlich wie diese Pflanzen. Ohne Struktur und Halt entwickelt sich unsere Spiritualität nur in Ansätzen und bleibt ziemlich ziellos. Eine solide Struktur gewährleistet uns die Freiheit, uns in jene Fülle hinein zu entfalten, die uns zugedacht ist.

In der christlichen Tradition gibt es dafür die Bezeichnung »Lebensregel«. Erst mittels einer Lebensregel wird alles das, was Sie in diesem Buch gelesen und kennengelernt haben, zum festem Wert und Bestand. Dazu möchte ich Ihnen in diesem Schlusskapitel einige Anregungen dafür geben. Jetzt ist es an der Zeit, dass Sie sich konkret für diejenigen der hier vorgestellten spirituellen Übungen entscheiden, von denen Sie sich angesprochen fühlen.

Bei einer Lebensregel handelt es sich um eine Anzahl fester spiritueller Übungen, an die man sich gewohnheitsmäßig hält und die man regelmäßig praktiziert. Das Wort »Regel« ist vom lateinischen *regula* abgeleitet, wie auch unsere Wörter »regelmäßig« und »regulär«. Eine Lebensregel ist nicht etwas Starres und Einengendes, verlangt jedoch echte Konsequenz. Sie ist dazu gedacht, unserem Alltag einen festen Rhythmus zu geben, eine Grundstruktur, auf der sich eine neue Freiheit aufbauen kann.

Die ganze Geschichte des Christentums hindurch haben alle, die sich um ein intensives spirituelles Leben bemühten, bestimmte Übungen auf sich genommen. Wir neigen dazu, unsere spirituelle Praxis daran zu knüpfen, dass man »gerade Lust dazu« hat. Dabei ist es für uns in anderen Bereichen selbstverständlich, dass ein bewusstes Leben und persönliche Fortschritte im Sport, der Musik, der Wissenschaft verbunden sind mit disziplinierter Übung.

Der Zweck einer spirituellen Lebensregel ist es, uns zu helfen, zu jener Gestalt zu gelangen, die Gott für uns vorgesehen hat. Er hat uns nämlich dazu erschaffen, dass wir ihm immer ähnlicher werden: »Liebe Brüder und Schwestern, jetzt sind wir Kinder Gottes. Aber was wir sein werden, ist noch nicht offenbar geworden. Wir wissen, dass wir ihm ähnlich sein werden, wenn er offenbar wird; denn wir werden ihn sehen, wie er ist« (1 Johannes 3,2). Eine Lebensregel ermöglicht es uns, dieses zunehmende Ähnlichwerden zu pflegen und zu vertiefen. Sie fördert die Gaben des Heiligen Geistes im persönlichen Leben und in der Gemeinschaft der Mitmenschen und hilft uns, immer mehr so zu werden, wie wir nach Gottes Absicht gedacht sind.

Diese allmähliche Umwandlung ins vollkommene Bild und Gleichnis Gottes geschieht nicht automatisch. Es ist nicht einfach ein natürlicher Wachstumsprozess, so wie im Lauf der Jahre aus einem Schössling ein voll ausgewachsener Baum wird, sondern erfordert das Sterben von vielem, was wir für ganz natürlich und selbstverständlich halten, damit ein tieferes Geheimnis unseres Lebens in Gott zum Vorschein kommen kann. Das Reiferwerden im Glauben ist wie die Wandlung einer Raupe zum Schmetterling. Die Raupe muss das Leben, das sie kennt, hergeben und sich dem Geheimnis einer inneren Umwandlung ausliefern. Sie geht aus diesem Prozess in völlig neuer Gestalt hervor, mit Flügeln, die ihr das freie Fliegen ermöglichen.

»Wir wollen also eine Schule für den Dienst des Herrn gründen. Bei dieser Gründung ist es unsere Absicht, nichts Hartes, nichts Schweres anzuordnen. Sollten jedoch Vernunft und Billigkeit zur Besserung von Fehlern und zur Bewahrung der Liebe da und dort etwas strengere Anforderungen stellen, so verlass nicht gleich voll Angst und Schrecken den Weg des Heils, der am Anfang nun einmal eng sein muss.« (Regel des heiligen Benedikt)

Eine Lebensregel verhilft uns zum Einstieg in den lebenslangen Prozess der persönlichen Umwandlung. Ihre Übungen helfen uns, das vertraute, aber einengende »alte Ich« abzulegen und es zuzulassen, dass unser »neues Ich« in Christus Gestalt annimmt, dieses wahre Ich, das sich ganz natürlich vom Licht Gottes anziehen lässt.

Die christliche Überlieferung kennt sowohl gemeinschaftliche wie persönliche Lebensregeln. Die bekannteste gemeinschaftliche Regel dürfte diejenige des heiligen Benedikt sein. Sie ist besonders anziehend und praktisch wegen ihres weisen Maßhaltens und ihrer Lebensklugheit, aber für Mönche verfasst, die ein Gemeinschaftsleben führen wollen.

Persönliche Regeln geben sich einzelne Menschen, damit sie die Gaben des Heiligen Geistes bewusster annehmen und in sich zur Entfaltung bringen können. Solche Regeln können ganz unterschiedlich aussehen, je nach den Bedürfnissen und spirituellen Zielen derer, die sie für sich aufstellen.

Beispiele für persönliche Lebensregeln

Papst Johannes XXIII. stellte sich während seiner Studienzeit im Priesterseminar eine Lebensregel auf, die folgende Elemente enthielt:

> Nach dem Aufstehen am Morgen eine Viertelstunde stilles Gebet; dann eine Viertelstunde geistliche Lesung;

> vor dem Zubettgehen am Abend eine allgemeine Gewissenserforschung mit anschließendem Schuldbekenntnis; danach eine Aufstellung von Themen für das Gebet am nächsten Morgen;

> den Tagesverlauf möglichst so gestalten, dass diese Regel eingehalten werden kann; jeweils bestimmte feste Zeiten für Gebet, Studium, Erholung und Schlaf vorsehen;

> untertags die Gewohnheit einüben, sich immer wieder im
Geist im Gebet Gott zuzuwenden.

Eine ganz andere Art von Regel entwarf Catherine de Hueck
Doherty, eine russische Baronin, die die Sozialhilfeeinrichtung
Madonna House in Ontario in Kanada gründete. Sie griff auf
die Tradition der russischen Einsiedler zurück und empfahl,
sich jeden Monat einmal vierundzwanzig Stunden lang ins Alleinsein und Schweigen zurückzuziehen. Für diese »Wüsten-
tage« richtete sie »Einsiedeleien« ein (auf Russisch *poustinia*),
einfache, weit abseits vom Lärm der Menschen gelegene Hüt-
ten, wo man sich ungestört dem Fasten und Beten widmen und
sich in die Heilige Schrift vertiefen kann.

Wiederum eine andere persönliche Lebensregel hatte Do-
rothy Day, die in New York ein soziales Netzwerk für die Armen
aufbaute. Sie ging jeden Tag zur Kommunion, las täglich in der
Bibel und führte regelmäßig Tagebuch, was für sie eine Form
des Gebets war. Sie sah Christus in den Gesichtern der Armen.

Martin Luther King jr. entwickelte eine Regel, die als Anleitung für die Mitglieder der gewaltfreien Protestler der amerikanischen Bürgerrechtsbewegung gedacht war. In dieser
Regel liegt der Schwerpunkt auf den spirituellen Grundsät-
zen und inneren Einstellungen, die den eigenen Handlungen
zugrunde liegen, jedoch gehören dazu auch bestimmte ganz
konkrete Übungen wie Meditation, Gebet und Dienst. Jeder
im gewaltfreien Prostest Engagierte sollte sich an die folgende
Regel halten:
> Betrachte die Lehren und das Leben Jesu.
> Halte dir immer vor Augen, dass es der gewaltfreien Be-
wegung um Gerechtigkeit und Versöhnung geht, nicht um
Sieg.
> Verhalte dich und sprich im Geist der Liebe, denn Gott ist
die Liebe.

> Bete täglich darum, Gott möge dich als Werkzeug dafür verwenden, dass alle in Freiheit leben können.

> Opfere persönliche Wünsche, damit alle frei werden können.

> Sei darauf aus, regelmäßig einen Dienst für andere und die Welt zu versehen.

> Enthalte dich der Gewalt mit Faust, Zunge und Herz.

> Bemühe dich um Gesundheit an Leib und Seele.

> Halte dich an die Richtlinien der Bewegung und die Anweisungen der Leiter einer Demonstration.

Aus diesen wenigen Beispielen sollte deutlich werden, dass es zwischen den persönlichen Lebensregeln sehr große Unterschiede geben kann. Ihre eigene Regel wird einmalig auf Ihren Charakter, Ihre Lebensumstände und Bedürfnisse zugeschnitten sein müssen, und trotzdem sollte sie mit den grundlegenden Übungen übereinstimmen, wie sie im Lauf vieler Jahrhunderte für das Leben als Christ entwickelt worden sind. Es ist eine Frage der eigenen Unterscheidungsgabe, welche Lebensregel man sich im Einzelnen genau gibt.

Leben in Balance

In der Regel des heiligen Benedikt wird die Ausgewogenheit sehr ernst genommen. Zeiten des gemeinsamen und des privaten Gebets halten sich die Waage. Der tägliche Rhythmus des Klosterlebens sorgt für den Ausgleich zwischen Übungen für Herz, Geist und Körper: Gebet, Studium und körperliche Arbeit, alles hat sein gebührendes Maß. Eine entsprechende Ausgewogenheit muss auch uns vorschweben, wenn wir in unser Alltagsleben bestimmte Übungen einbauen wollen. Jeder von uns braucht den Ausgleich zwischen persönlichen und gemeinschaftlichen Formen der Einübung; jede von uns braucht Übungen, die uns helfen, zu uns selbst zu kommen, und Übungen, die uns helfen, uns selbst zu vergessen und auf die Bedürfnisse anderer einzugehen. Wenn der Heilige Geist frei wirken kann, arbeiten beide Arten von Übungen Hand in Hand und stärken sich gegenseitig.

Zusammenfassend seien noch einmal drei grundsätzliche Fragen vorgestellt, die für Ihre Überlegungen bezüglich Ihrer persönlichen Lebensregel hilfreich sein können:

> Wozu fühle ich mich besonders stark hingezogen und warum?
> In welcher Richtung spüre ich, dass Gott mich ruft, mich zu entfalten und reifer zu werden?
> Welche Art von Ausgewogenheit muss ich für mein Leben finden?

Wenn Sie sich nach dem gründlichen Überdenken dieser Fragen über Ihre Prioritäten Klarheit verschafft haben, müssen Sie sich als Nächstes fragen, was Sie sich realistischerweise vornehmen können. Dabei geht es darum, Ihre persönlichen Grenzen nüchtern anzuerkennen. Es ist besser, sich eine einzige Übung vorzunehmen und diese treu durchzuhalten, als gleich fünf auf einmal und sie dann bald wieder ganz aufzugeben, weil man das nicht schafft. Das spirituelle Leben ist kein Kraftakt. Es ist eine Frage des langsamen, beharrlichen Weiterwachsens, und wenn man realistisch bleibt und lieber kleine Brötchen backt, hat das mit gesunder Demut zu tun.

Berücksichtigen Sie dabei Ihre persönliche Eigenart. Manchen sind klare Strukturen eine große Hilfe, andere können sich viel besser entfalten, wenn ihnen viel Flexibilität bleibt. Manche sind morgens um fünf unverzüglich hellwach und voller Energie, andere laufen erst gegen Mitternacht auf Hochform auf, wieder andere um eine bestimmte Zeit am Tag. Gott verdient unsere beste Energie, nicht nur das, was übrig bleibt. Bedenken Sie das, wenn Sie überlegen, an welcher Stelle Sie spirituelle Zeiten in Ihren Tageslauf einbauen wollen.

Berücksichtigen Sie auch Ihre persönlichen Lebensumstände in Ihrem gegenwärtigen Lebensabschnitt. Falls Sie derzeit mit kleinen Kindern ganz zu Hause sind oder rund um die Uhr Ihren alten Vater oder Ihre Mutter als Pflegefall betreuen müssen, ist es wahrscheinlich unrealistisch, sich täglich eine Stunde für konzentrierte spirituelle Übungen einrichten zu wollen. Sie sollten dann stattdessen eher den Versuch machen, im Tageslauf immer wieder einmal eine kurze Zeit für das Lesen und Überdenken eines Bibelworts unterzubringen, oder während einfacher Routinearbeiten mit Ihrem Atem ein kurzes Gebetswort zu verbinden. Vielleicht finden Sie es auch hilfreich, sich kurz vor dem Zubettgehen einen kurzen Tagesrückblick anzugewöhnen und sich zu besinnen, an welchen Stellen des Tages Sie Gottes Nähe gespürt haben und wie Sie darauf eingegangen sind.

Falls Sie einen Beruf haben, der Sie täglich viele Stunden voll in Beschlag nimmt, könnten Sie sich vielleicht überlegen, wann Sie Gott zwischendurch einen Augenblick Zeit widmen könnten. Vielleicht ergibt sich für Sie auch die Notwendigkeit, sich mehrmals im Jahr einen Tag oder mehrere frei zu nehmen, um Einkehr zu halten (bei einem Kurs, in einem Kloster oder Besinnungshaus oder allein für sich), um sich intensiver dem Gebet und der Meditation widmen zu können.

Falls Sie bereits im Ruhestand sind, verfügen Sie vielleicht über mehr Freiraum, um sich die Zeit nehmen zu können, die Sie gern spirituellen Übungen widmen möchten. Dann wäre vielleicht täglich eine halbe oder ganze Stunde für spirituelle Lesung und Gebet durchaus denkbar. Falls Sie bei guter Gesundheit sind, könnten Sie eventuell auch einen Fasttag pro Woche einlegen. Oder Sie haben eher die Möglichkeit, anderen Gastfreundschaft zu bieten.

Eine chronische Krankheit oder Behinderung kann sowohl eine Möglichkeit als auch ein Hindernis sein, ein intensives Gebetsleben auszubilden, je nach ihrer Eigenart und ihrem Grad. Wenn Sie krank sind, ist Ihre Fähigkeit, sich zu konzentrieren, wahrscheinlich vermindert. Dann ist es am besten, sich an kurze Gebetsformeln zu halten; gelegentlich kann man vielleicht auch jemanden bitten, einem kurze Abschnitte aus der Heiligen Schrift vorzulesen. Wenn Sie nicht zu schwer krank sind, kann Ihnen unter Umständen Ihre eingeschränkte Bewegungsfreiheit eine gute Gelegenheit verschaffen, mehr Zeit mit spiritueller Lesung, Gebet und Besinnung über sich selbst zu verbringen. Sie können auch bewusst den Dienst des fürbittenden Gebets für andere versehen und Ihr Herz auf vielfältige Weise gastlich anderen Menschen öffnen, eventuell auch in der Form, dass Sie Briefe an Bekannte schreiben, die sich über ein Zeichen der Ermutigung und Freundschaft freuen würden.

Ganz gleich, wie Ihre Umstände konkret aussehen mögen, ist es immer möglich, zwischen allen Ihren festen Tagespflichten auch in irgendeiner Form eine spirituelle Übung unterzubringen. Wenn Sie körperlich gesund werden und bleiben möchten, essen Sie bewusst und machen Sie regelmäßig Übungen. Und wenn Sie spirituell gesund werden und aus dieser Wirklichkeit leben wollen, machen Sie auch regelmäßig spirituelle Übungen. So einfach ist das.

Regelmäßige Auswertung

Wenn Sie für sich eine bestimmte Lebensregel beschlossen haben, die Sie realistischerweise durchführen können, schreiben Sie sie auf und verpflichten Sie sich auf diese Weise schriftlich dazu. Bedenken Sie dabei, dass dies nicht eine

Verpflichtung für alle Zeiten ist, sondern eine Stütze, die für Sie in Ihrer derzeitigen Lebenssituation hilfreich sein soll. Verwahren Sie eine Abschrift Ihrer Regel so, dass Sie sie leicht immer wieder durchlesen können, vielleicht in der Nähe der Stelle, die Sie für das Gebet vorgesehen haben.

Wählen Sie sich einen Menschen Ihres Vertrauens, dem Sie Ihre Regel vorlegen können, und bitten Sie ihn, für Sie zu beten und Ihnen zur Verfügung zu stehen, damit Sie ihm regelmäßig Rechenschaft darüber ablegen können, wie weit Sie sich an sie gehalten haben. Falls Sie jemandem in spiritueller Freundschaft verbunden sind oder sich regelmäßig bei einem spirituellen Begleiter, einer spirituellen Begleiterin aussprechen, ist das die geeignetste Person dafür. Aber auch jemand, mit dem Sie regelmäßig gemeinsam beten oder sich über den Glauben austauschen, ist dafür geeignet. Außerdem kann auch eine kleine Gruppe, die sich gemeinsam um spirituelles Weiterkommen bemüht, dafür eine ausgezeichnete Hilfe sein. Ihr Ehepartner und die anderen Familienmitglieder sollten so weit über Ihre Lebensregel Bescheid wissen, dass Sie sie dabei unterstützen oder zumindest nicht unnötig stören. Die praktische Erfahrung zeigt, dass es nicht ratsam ist, in erster Linie Ihren Ehepartner als die Person vorzusehen, der Sie regelmäßig über Ihr spirituelles Leben Rechenschaft geben.

Sehr wichtig ist es auch, dass Sie Unterstützung von Ihrer Glaubensgemeinschaft suchen, wenn Sie beschließen, sich ernsthaft um die Entwicklung ihres spirituellen Lebens zu bemühen. Der Aufbruch zu einem bewussten Umgang mit der eigenen Seele braucht Unterstützung durch andere; man wird allein leicht entmutigt, wenn die Übungen langweilig oder schwierig werden, oder verliert sich in Zerstreuungen, wenn sie nicht alsbald die Ergebnisse zeitigen, die man erwartet hatte. Im Lauf unserer Übungen können wir wie in einen Nebel geraten, zum einen, weil wir noch Anfänger sind und über zu wenig Klarsicht verfügen, und zum andern wegen unserer verzerrten Wahrnehmungen und persönlichen Grenzen. Man kann jede nur erdenkliche spirituelle Übung für eigene selbstsüchtige Zwecke umbiegen, statt sie als Mittel anzuwenden, sich der verwandelnden Gnade Gottes zur Verfügung zu stellen.

Wir brauchen die größere Glaubensgemeinschaft, damit sie uns hilft, auf der richtigen Spur zu bleiben. Diese Gemeinschaft finden wir im gemeinsamen Gottesdienst, bei der Vertiefung unseres Glaubenswissens und im praktischen Dienst sowie bei Einzelnen, deren Erfahrung und Weisheit auch uns weiterhelfen kann. Falls man darauf besteht, seinen Weg ganz allein gehen zu wollen, gerät man allzu leicht in Einsamkeit und Illusionen. Uns ist die Gemeinschaft im Leib Christi geschenkt, damit wir uns gegenseitig ermutigen, unterstützen, aufklären, anleiten und lieben. Wenn man dieses Geschenk in aller Demut annimmt, ist das eine Erfahrung der Gnade.

6 Die Gestalt christlicher Spiritualität

Der Herr aber ist der Geist,
und wo der Geist des Herrn wirkt,
da ist Freiheit.
Wir alle spiegeln mit enthülltem Antlitz
die Herrlichkeit des Herrn wider
und werden so in sein eigenes Bild verwandelt,
von Herrlichkeit zu Herrlichkeit,
durch den Geist des Herrn.
2 Korinther 3,17–18

Das Wort *Frömmigkeit* stand früher einmal hoch im Kurs, heute jedoch verbindet man damit eher die Vorstellung von einer etwas weltfremden, bigotten und moralsauren Einstellung, also die Karikatur des Christen, der seine Augen gen Himmel rollt und seine Hände fast immer gefaltet hält. Die meisten möchten heute lieber für weltliche Humanisten als für fromme Christen gehalten werden.

Die Begriffe *spirituell* und *Spiritualität* dagegen haben inzwischen eine weit verbreitete Verwendung gefunden, über die Kirchen hinaus. Christinnen und Christen fühlen sich von diesem Wort unter anderem deshalb besonders angezogen, weil es – etwa im Unterschied zu Begriffen wie *Frömmigkeit* – frisch und unverbraucht wirkt und einen neuen Sinn erschließen könnte.

Was bedeutet für Sie **Spiritualität***? Schreiben Sie hier Ihre eigene Definition auf.*

Was bedeutet es Ihrer Meinung nach, dass wir als **Bild und Gleichnis Gottes** *erschaffen sind? Wie verstehen Sie die Bezeichnung* »*Bild Christi*«?

Von unserer Grundlage, der Bibel, her gesehen, verweist das Wort Spiritualität auf den göttlichen Geist (lateinisch: *spiritus*): »Spirituelles Leben« meint also einfach die immer stärker werdende Lebendigkeit und Bewegung des Geistes Gottes in uns, die geniale Choreografie des Geistes Gottes, der unseren menschlichen Geist immer enger in die Gemeinschaft mit dem Schöpfer und der Schöpfung hineintanzen lässt. Das spirituelle Leben beruht deshalb grundsätzlich auf Beziehung: Es geht dabei um Gottes Art, mit uns in Beziehung zu treten, und zugleich um unsere Art, uns auf diese Beziehung zu Gott einzulassen.

In der christlichen Erfahrung arbeitet der Heilige Geist darauf hin, uns immer mehr dem Bild Christi anzugleichen. Das Geschöpf Mensch wurde als Bild und Gleichnis Gottes erschaffen (Genesis 1,26–27), jedoch verdunkelte und verzerrte der Mensch im Sündenfall seine Gottebenbildlichkeit. Christus dagegen ist »das Bild des unsichtbaren Gottes« (Kolosser 1,15) in seiner ursprünglichen Reinheit. Wenn und in dem Maß, in dem wir »mit Christus bekleidet werden«, wird die tiefste Wahrheit unseres Menschseins in uns wiederhergestellt und die Tatsache, dass wir das Bild unseres Schöpfers sind, kommt wieder immer klarer ans Licht. In Christus werden also in der Gestalt wiederhergestellt, die uns unser Schöpfer ursprünglich zugedacht hatte.

In der christlichen Tradition geht es bei der spirituellen Gestaltung des Lebens im Wesentlichen um diese Prägung nach der Gestalt Christi. Alle Wortprägungen mit »Gestalt« – Neugestaltung (»Reformation«), Umgestaltung (»Transformation«), Gleichgestaltung – können uns als Anregung dienen, uns genauer zu überlegen: Welche Gestalt oder wessen Gestalt erstrebe ich eigentlich? Was muss in meinem Leben neu gestaltet, re-formiert werden?

Der Apostel Paulus glaubte sehr bewusst, Christus könne in denen, die ihm nachfolgen, Gestalt annehmen: »Meine Kinder, für die ich von neuem Geburtswehen erleide, bis Christus in euch Gestalt annimmt« (Galater 4,19). Er mahnte sie: »Gleicht euch nicht der Gestalt dieser Welt an, sondern wandelt euch und erneuert euer Denken« (Römer 12,2). Was Paulus mit dem »erneuerten Denken« meinte, sagte er genauer im Brief an die Philipper: »Seid untereinander so gesinnt, wie es dem Leben in Christus entspricht« (Philipper 2,5).

Christus nimmt nicht nur in uns persönlich Gestalt an, sondern auch in unserer Gemeinschaft. Der Geist, die Gesinnung Christi soll den gesamten Leib Christi formen und lenken. Dadurch empfangen wir unsere wahrste Identität, unseren echtesten Sinn, unseren eigentlichen Zweck. Bei der »spirituellen Bildung« geht es nach Paulus darum, dass wir durch den Heiligen Geist, der in uns wohnt, dem Bild Christi gleichgestaltet werden.

Wenn das christliche spirituelle Leben damit zu tun hat, dass Christus »in uns Gestalt annimmt«, was ist dann Spiritualität? In einem allgemeinen Sinn bezeichnet Spiritualität dann einfach die Fähigkeit zu einem spirituellen Leben, also die universale menschliche Eigenschaft, den Geist Gottes empfangen, auf sich wirken lassen und ihm antworten zu können. Aber in einem konkreteren Sinn meint Spiritualität die Art und Weise, auf die wir dieses spirituelle Potenzial nutzen. Dazu gehört das bewusste Achten auf das Wirken des Geistes in uns und das ausdrückliche praktische Ja dazu. Spiritualität stellt uns auf einen Weg: Entscheidungen so zu treffen, dass unsere Vorstellungen, unsere Werte, unsere Lebensmodelle und spirituelle Praxis dazu beitragen, dass Christus in uns Gestalt annimmt.

»Kostet und seht, wie gütig der Herr ist; wohl dem, der zu ihm sich flüchtet!« (Psalm 34,8)

Ich hoffe, dass Sie auf diesen Seiten etliches gefunden haben, das Sie zu Ihrer spirituellen Suche ermutigt und Ihnen Impulse gibt, sich in einen bewussten Umgang mit der eigenen Seele einzuüben. Die beschriebenen Übungen und Impulse sind Wege zu einer neuen inneren Achtsamkeit. Sie sind der Zugang zu einem echten Fest für die Seele.

Auf achtsamen Spuren –
Literatur und hilfreiche Adressen zum Thema

Literatur zum Weiterlesen

Achtsam leben: von möglichen Auszeiten und Spiritualität im Alltag

Anselm Grün: Ein ganzer Mensch sein. Die Kraft eines reifen Glaubens, Freiburg im Breisgau 2006

Günter Harnisch: Sieben Tage Achtsamkeit. Langsam werden – Klarheit finden, Freiburg im Breisgau 2005

Gisela Ibele, Therese Nolte: Mehr Himmel wagen. Nicht-alltägliche Exerzitien, Freiburg im Breisgau 2007.

Ursel Isensee, Anneliese Wohn: Du führst mich hinaus ins Weite. Eine spirituelle 4-Wochen-Kur, Freiburg im Breisgau 2008

Margot Käßmann: Mit Herzen, Mund und Händen. Spiritualität im Alltag leben, Gütersloh 2007

Anthony de Mello, Die Fesseln lösen. Einübung in ein erfülltes Leben, Freiburg im Breisgau, 3. Aufl. 2009

Henri Nouwen: Du bist der geliebte Mensch. Religiös leben in einer säkularen Welt, Freiburg im Breisgau 2008

Henri Nouwen: Christi Weg nach unten. Eine Spiritualität für unsere Zeit, Freiburg im Breisgau 2009

Pater Johannes Pausch, Gert Böhm: Such dir deinen Himmel. Auszeit im Kloster, München 2003

Richard Rohr: Hoffnung und Achtsamkeit. Spirituell leben heute, Freiburg im Breisgau 2005

Fulbert Steffensky: Jetzt leben! Spiritualität im Alltag, Stuttgart 2009

David Steindl-Rast: Die Achtsamkeit der Herzens, Freiburg im Breisgau 2008

Peter Wild: Finde die Stille. Spiritualität im Alltag, Ostfildern 2007

Über das Fasten
Phil Bosmans: Frühling für die Seele. Ein Begleiter durch die Fasten- und Osterzeit, Freiburg im Breisgau 2007

Niklaus Brantschen: Fasten neu erleben: Warum, wie, wozu?, Freiburg im Breisgau 2006

Bernardo Fritzsche: Religiöses Fasten: Gesundheit für Leib und Seele, Düsseldorf 2008

Gundula Gause, Jutta Speidel (u. a.): Abschalten. Ein Fastenzeitkalender, Freiburg im Breisgau 2009

Anselm Grün: Fasten, Münsterschwarzach 2001

Bernhard Müller, Peter Seewald: Das Fasten der Mönche, München 2003

Peter Müller: Mach's dir leichter. Leib und Seele entrümpeln. Ein Fastenführer, München 2007

Henri Nouwen: Zeig mir den Weg. Ein Begleiter durch die Fasten- und Osterzeit, Freiburg im Breisgau 2008

Paulus Terwitte, Marcus C. Leitschuh: Trau dich, 40 Tage anders zu leben. Der Fastenkalender, Freiburg im Breisgau 2006

Von Regeln und Leben in Balance

Peter Dyckhoff: Geistlich leben im Sinne alter Klosterregeln, München 2005

Javier Garrido: Die Lebensregel des Franz von Assisi. Inspirationen für heute, Freiburg im Breisgau 2001

Anselm Grün: Goldene Regeln zum Glücklichsein, Freiburg im Breisgau 2009

Anselm Grün: Im Zeitmaß der Mönche. Vom Umgang mit einem wertvollen Gut, Freiburg im Breisgau 2007

Anselm Grün, Fidelis Ruppert: Bete und arbeite. Eine christliche Lebensregel, Münsterschwarzach 2003

Odilo Lechner, Petra Altmann: Leben nach Maß. Die Regel des heiligen Benedikt für Menschen von heute, Freiburg im Breisgau 2009

Michael Schindler, Oliver Schütz: Halte die Regel und die Regel hält dich. Lebenswissen aus Ordensregeln, Ostfildern 2009

Aurelia Spendel (Hg.): Weisheit aus dem Kloster (Reihe in 5 Bänden), Freiburg im Breisgau 2008

Notker Wolf, Matthias Drobinski: Regeln zum Leben. Die Zehn Gebote – Provokation und Orientierung für heute, Freiburg im Breisgau 2008

Über geistliche Begleitung und geistliches Wachstum

Rudolf Brokschi, Marianne Schlosser, Florian Kolbinger: Vater, sag mir ein Wort. Geistliche Begleitung in den Traditionen von Ost und West, Würzburg 2007

Meinrad Dufner, Andre Louf: Geistliche Begleitung im Alltag, Münsterschwarzach 2006

Petra Fietzek: In den Morgen gedacht. Ein geistliches Lesebuch, Münster 2009

Karl Frielingsdorf: Mein Leben mit Gott versöhnen. Ein Kursbuch für geistliches Wachsen und Begleiten, Würzburg 2008

Charles de Foucauld, Maria Walburg: Hingabe und Nachfolge. Geistliches Lesebuch, Oberpframmern 2005

Franz Jalics: Miteinander im Glauben wachsen. Anleitung zum geistlichen Begleitgespräch, Würzburg 2008

Peter Scazzero: Glaubensriesen – Seelenzwerge? Über geistliches Wachstum und emotionale Reife, Gießen 2008

Klemens Schaupp: Gott im Leben entdecken. Einführung in die geistliche Begleitung, Weinheim 2006

Silja Walter: Die Beichte im Zeichen des Fisches. Ein geistliches Tagebuch, Weinheim 2005

Hilfreiche Adressen

Achtsamkeit und Spiritualität im Alltag

www.kloster-auf-zeit.de
Diese Seite bietet Informationen und Adressen zum Thema
»Kloster auf Zeit« und »Klosterurlaub«, nicht nur in
Deutschland.

www.orden.de
Hier findet man neben vielen anderen Angeboten und Informationen rund um das Kloster- und Ordensleben unter dem
Stichwort »Kloster auf Zeit« Adressen von Klöstern, die das
im Angebot haben, aber auch von solchen Häusern, in denen
man Klosterurlaub machen kann.

Fasten

www.fastenfueralle.com
Auf dieser Homepage finden Sie Informationen zum Thema
(Fasten zu Hause, Fasten für Gesunde, …), Erfahrungsbe-
richte und vor allem Informationen zum Fastenurlaub, auch
in einer Gruppe – eine Möglichkeit, die vielen vielleicht näher
ist als das Fasten alleine.

Zudem gibt es im Internet unter dem Stich- oder Suchwort
»Fasten« viele Angebote zum Fastenwandern, Fasten nach
verschiedenen Methoden und auch zum spirituellen Fasten.

Geistliche Begleitung

www.geistliche-begleitung.de
Dies ist eine private Website, die neben

Hintergrundinformationen zum Thema auch Adressen bietet, an die man sich wenden kann, wenn man geistliche Begleitung in Anspruch nehmen möchte.

Zum Thema »Geistliche Begleitung« finden Sie auf der Homepage (fast) jeder Diözese Informationen und Adressen, an wen Sie sich vor Ort wenden können.

www.exerzitien.info
Exerzitien sind eine Form von geistlicher Begleitung und haben in den letzten Jahren wieder zunehmend an Bedeutung gewonnen. Für ganz Deutschland ist die Website der Arbeitsgemeinschaft der Deutschen Diözesanen Exerzitiensekretariate (= ADDES) die Anlaufstelle, um neben Adressen auch weitere Informationen zum Thema zu bekommen.

Veranstaltungen, Seminare, Vorträge zum Thema

www.christ-konkret.de
Unter dieser Adresse finden Sie ein Portal, das Informationen über christliche Veranstaltungen aller Art in Deutschland, Österreich und der Schweiz bietet. Neben Medienempfehlungen und der Möglichkeit, Gesuche oder Angebote abzugeben, finden Sie hier eine Übersicht über Veranstaltungsorte und Veranstalter, Angebote für spezielle Zielgruppen und vor allem jede einzelne Veranstaltung mit allen notwendigen Angaben zum Thema Seminare, Exerzitien, Events, Tagungen und Reisen.